図解 ◯◯◯◯かる！

＼相続実務士が解決！／

財産を減らさない 相続対策

相続実務士®

夢相続 **曽根恵子** 著

一般社団法人 相続実務協会

監修協力

理事 **上野晃**（弁護士／日本橋さくら法律事務所）

理事 **太田垣章子**（司法書士／OAG司法書士法人）

CROSSMEDIA PUBLISHING

共感して寄り添い、解決する「相続実務士®」は相続対策の専門家

相続ではふつうの家庭が深刻にもめる

私は平成のはじめから相続実務に携わり、いままでに1万4700人を超える方から相談を受けて、実務のサポートもしてきました。ご相談は多岐に渡り、100人100通り、1つとして同じものはありませんが、ご相談の多くは、遺産分割のもめごとです。

親子や兄弟姉妹で会話ができないほどこじれてしまい、弁護士に依頼して調停や裁判をしているご家庭も少なくありません。また、相続は資産家だけの問題かというとそうではなく、もめるときは財産の多少に関係ありません。相続ではふつうの家庭がもめているのです。

《相続のもめごとトップ3》をあげてみましょう。

①コミュニケーションが取れない
- ・相続の話し合いができておらず、それぞれの主張が対立、平行線でまとまらない。
- ・一方的に話を進めたり、頭ごなしで聞く耳をもたず、話し合いにならない。

②財産を開示しない
- ・身近な相続人が財産を預かり、教えない、見せない、分けない。
- ・相続税の申告が不要だとうやむやとなり、不満のまま解決しない。

③不動産が分けにくい
- ・相続人が複数いるのに不動産は1ヶ所だと分けられない、共有だと問題も発生する。

・自宅も賃貸物件も1人の相続人が独占すると反発がある。

・同居していると当然相続できるという考えで温度差がある。

相続対策の専門家がいない

　相続でもめたり、困ることにならないためには、ご家族でコミュニケーションを取り、協力して生前に対策をしておく必要があると言えます。けれども相談に来られる方の多くは「どこに相談に行っていいかわからない」「相談窓口が見つからない」と言われます。これには専門家には職域の垣根があり、「相続対策」ができる専門家がいないことが要因になっているように感じます。

　たとえば法律の専門家は「弁護士」で、もめごとの交渉や解決をしてもらえますが、法律で解決しようとすると感情的には解決できずに家族は絶縁になるのです。よってご家族の相談には「弁護士」に依頼するのは得策とは言えないかもしれません。

　税務の専門家は「税理士」ですが、相続税の納税が必要な人は亡くなった人の8％台で大部分が相続税の申告が不要。「税理士」に依頼するまでもないということです。「税理士」の主業務は法人の決算や個人の確定申告ですので、一般の人には馴染みがないかもしれません。

　他にも相続に関連する資格として、「司法書士」は不動産の相続登記などをする役割、「不動産鑑定士」は不動産の鑑定評価が主業務、「土地家屋調査士」は測量、分筆登記などが業務、「行政書士」は遺産分割協議書など書類作成、「宅建取引士」は不動産の仲介業務など、多くの資格がありますが、資格のある者ができる職域が決められているのです。

相続対策ができる専門家が求められている
相続実務士創設

　生前の相続対策は、家族のもめごとを引き起こさないよう「感情面」の対策と、税金の負担を減らして収入も維持できるような「経済面」の対策の両方について、ご家族のコミ

ュニケーションを取りながら、行うことが理想です。しかし、こうした生前の相続対策の
アドバイスやサポートができる資格がなく、相談窓口がないのが現状です。

　私は、平成4（1992）年から相続に取り組む中で、相続をコーディネートする専門家が
必要と思い、「相続コーディネート」という職域を作って取り組んできました。平成11（1999）
年から相続の実例をまとめた書籍を出版し、本書で60冊目になります。書籍は全国の書店
やAmazonなどのネット書店で販売し、書籍をお読みになった読者の方が東京の私のオフ
ィスに相談に来ていただいたりと、現在では1万4700人を超える方から相談を受けて、北
海道から沖縄まで全国に出張しながら相続実務のサポートやお手伝いをしています。
　こうした経緯から、相続実務ができる専門家は全国に必要だと痛感し、30年近く取り組
んできたノウハウを提供し、「相続実務士」という資格を創設したわけです。

　「相続実務士」は、ご家族を不用意にもめさせないよう感情面に配慮し、節税のノウハ
ウを提供して税金の負担も減らす努力をし、安易に不動産の共有などでトラブルを引き起
こさないよう経済面にも配慮できる実務家を目指しています。
　また、相続実務に特化した専門家により一般社団法人相続実務協会を設立し、「相続実
務士」を養成するとともに、実務をサポートする個人・法人をネットワークし、相談・ア
ドバイス・コンサルティングができる体制を作ることで、ご家族の絆と財産を守る“ほほ
えみ相続”の実現に貢献していきたいと取り組んでいます。

相続対策キーワードは「相談」「みえる化」「わかる化」

　「相続実務士」の役割の入り口は、「相談」を受けることです。「相談」はご相談者（被
相続人の方など）と同じ目線で共感を持ってお話を聞くことで、けっして上から目線の押
しつけ型の指導ではありません。

　相続の課題はお一人おひとり違います。

　だからこそおひとりずつ、あるいはご家族ご一緒に、お話しいただくことが必要なのです。ご家族の状況や財産の内容をご説明いただき、不安に思うこと、困っていることなどをお話しいただく中で、課題が見えて、解決の方向性をアドバイスすることができます。

　次に、ご家族の課題や財産を「みえる化」して、共有していただくことです。

　相続は難しくてわからないと思っておられる方が多いかもしれませんが、ご家族の状況と財産の内容、評価額などをオープンにして「みえる化」することで、対策のイメージもでき、不安が解消できます。

　相続対策を提案書にして、わかりやすく説明するように「わかる化」することも「相続実務士」の大切な役割になります。難しい専門用語で、しかも上から目線で説明されても一般の方にはわからないことが多いでしょう。ご相談者の方に寄り添って、わかりやすく説明、提案することが相続の「わかる化」となります。

　「相続実務士」の相談対応は、聞いて終わりではなく、解決を見据えて具体的な方向性をアドバイスすることです。さらには、解決策や相続対策のご提案、実務までサポートして、完結することでもあります。ご提案するのはいくつかの選択肢であって、その中からご本人やご家族が解決へのステップを選択して、決断していただく必要があります。その背中を押すことも「相続実務士」の役割だと言えます。

　相続実務は多岐に渡り、窓口となる「相続実務士」だけで完結できないこともあります。その際は一般社団法人相続実務協会の弁護士、税理士、司法書士、不動産鑑定士などの専門家や他に必要な専門家と協働体制を取り、業務を分担することで成果を上げます。

これからの生活を考えるために 「相続実務士」に相談されたＮさん

　団塊の世代が定年退職する年代となり、元気な60代、70代が増えています。いまや100

歳まで元気に生活できる時代ですので、新しい生き方を模索しながら長寿を迎える人たちが増えていくことでしょう。家族のあり方、生き方、資産の持ち方などに前向きな選択をされる方が増えてきました。Ｎさんの場合をご紹介しましょう。

　Ｎさん（男性80歳代）は元開業医です。自宅１階で内科医院を開業していましたが、80歳になったことで一区切りとして医院を閉めたということです。これからの生活を考えるために息子に勧められて夫婦で相談に来られたのです。Ｎさんの財産には現金が少なく、大部分が自宅の土地、建物だと確認できました。このままでは老後資金が不足するうえに相続税も2000万円ほどかかります。しかも不動産が１つで分けにくいのです。

　課題を解決する方法として、自宅を売却し、高齢者住宅に住み替えることをご提案したところ、この案は妻も子どもたちも賛成してくれて、Ｎさんは早々に決断されました。荷物の片づけや整理に時間は要しましたが、希望価格で売却が決まり、売却代金の３分の１の資金でケア付の高齢者賃貸住宅に住み替えすることもできました。さらに家賃収入が入る不動産を２つ購入することもでき、資金的な余裕も生まれ、分けやすい資産になりました。

元気なうちに家族で「相続プラン」を作って対策を

　このように元気なうちに決断をすることで、Ｎさん夫婦も子どもたちも納得ができて、不安のない生活ができるようになりました。相続税の節税対策にもなり、家賃収入も入るため、将来の不安も解消されたと言えます。Ｎさんの対策は次の順序で提案しました。

【事前準備】　　　相続相談、相続人の確認、財産の確認、現地調査、評価、課題整理
【感情面の対策】　分けられる財産にする、遺産分割を決めて遺言書を用意する
【経済面の対策】　生活費の不安を解消する対策をする、相続税の節税対策をする

　対策を進めるには、資産の現状や家族の状況を確認し、感情面、経済面に配慮した「相続プラン」を作って取り組むことが必要です。

　しかし、一番肝心なことは「本人の意思」です。認知症になったり、後見人がついたりすると前向きな対策はできなくなりますので、機会を逃さないようにしたいものです。「相続プラン」はその方に合った内容を考えて作ることになります。提案だけでなく、実行まで取り組んでくれる専門家を選択し、家族と一緒に検討して決断して進めていくことが大切です。

　Nさんのようにそのままの形で資産を残すよりも、生前に資産を活用して快適な生活をする生き方ができる時代になりました。相続対策はどなたにも必要です。まずは「相続実務士」に相談するところから始めてみてはいかがでしょう。

　本書は、「相続実務士」が受けた「相談」や「みえる化」「わかる化」した対策の実例をご紹介していますので、相続事例を身近に感じていただけると思います。「生前の相続対策」はどなたにも必要なこと。この機会に「生前の相続対策」に取り組んでいただければ、ご家族の絆と財産を守る円満相続となり、「財産を減らさない相続対策」も実現します。

　私たちが、これからの相続対策のパートナーとしてお手伝いさせていただければ幸いです。

　2020年10月

　　　　　　　　　　　　　　　　　　一般社団法人相続実務協会　代表理事
　　　　　　　　　　　　　　　　　　株式会社夢相続　代表取締役
　　　　　　　　　　　　　　　　　　相続実務士®

　　　　　　　　　　　　　　　　　　曽 根 惠 子

図解 90分でわかる!

＼相続実務士が解決!／

財産を減らさない
相続対策

目次

3章 相続のご相談はひとりずつ違う！

4章

相続相談から解決できた実例

感情面の困りごと。経済面の困りごと

7章 相続の基本を知っておこう

1章

相続対策の効果を知っておきたい！

「財産を減らさない相続対策」のため、まず、みなさんに知っておいていただきたいことをまとめました。どのような資産を持っておくべきかなどのポイントをお伝えします。

相続対策・経済面の目的とは？

相続税を節税して収益を上げる財産にする

生前にしておきたい「経済面」の相続対策

相続対策には家族の争いを避ける「感情面」の対策が不可欠ですが、「経済面」の対策のほうが、結果が見えやすいので取り組みやすいとも言えます。

生前にしておきたい「経済面」の相続対策として、生前の節税対策となるのが**「財産の評価を下げて相続税を減らし、さらには収益の上がる価値ある財産にすること」**だと言えます。

金融資産では評価を下げることはできないため、具体的には、「不動産対策」となります。

 不動産の評価の検証①

1棟アパートの場合 ➡ **46%**

たとえば、現金1億円で1棟アパートを購入して、賃貸していれば、

土地は、

5000万円 × 0.8 × 0.8 ＝ 3200万円

時価 ／ 路線価評価（相続評価） → （1 － 0.6 × 0.3）＝およそ80%前後

借地権（※個々に変わる） ← 借家権（全国一律）

建物は、

5000万円 × 0.4 × 0.7 ＝ 1400万円

時価 ／ 固定資産税評価（※個々に変わる） → 借家評価（1 － 0.3）

借家権（全国一律）

となります。

土地、建物を合わせると4600万円、すなわち1億円の46%となり、評価は半分以下になります。

よって、現金（預金）で持ち続けるよりも、賃貸不動産を購入したほうが半分以下の評価に変わり、節税になります。そのうえ家賃収入が入りますので、価値のある財産となります。

不動産の評価の検証②

区分マンションの場合 ➡ **25.61**%

（※1億円で購入した実例の数字。個々により変わる）

　前述では、土地にアパートが建っている1棟アパートを想定しましたが、共同住宅の1室、区分所有の分譲マンションを購入する場合も検証してみましょう。

　区分マンションの土地は共有であり、全体ではなく一部のみの所有となりますので、一般的には、土地の価格よりも建物の価格が大きくなります。たとえば、1億円でタワーマンションの1室、3LDKを購入し、賃貸に出していれば、評価は2561万円となり、購入価格の25.61%にまで下がります。よって、1棟アパートよりも建物価格の割合が大きいほうが節税効果が高いのです。また貸していれば家賃が入りますので、資産の維持にもつながります。

相続対策とは？

相続税を節税して収益を上げる財産にすること

↓

不動産を活用する ＝ **不動産の実務**

活用されていない財産へのアプローチ

↓

眠っている預金	使わない土地

不動産の実務が相続対策になる！

金融資産と不動産の違い

評価の仕方の違いが節税対策に使える

評価の仕方には違いがある「現金」VS「不動産」

　現金（預金）の価値は一定で変わりません。価値が変わらないのは安心ですが、節税を考えると、現金（預金）をそのまま持ち続ければ、価値が変わらないだけに、相続税は節税できません。

　ここで知っておきたいことは、現金と不動産の評価の仕方の違いです。前述のとおり、現金は金額がそのまま価値となります。しかし、不動産は評価の仕方が違うのです。

　土地は路線価で評価し、時価の約8割になります。賃貸していれば借地権、借家権が発生しますのでさらに8割程度になります。建物は固定資産税評価で評価しますので時価の4割程度になり、貸していれば借家権を引いた7割になります。

　なお、相続税の計算方法については、下記表を参照してください。

相続税の計算方法

　財産が1億円ある場合、その形により、相続税がどうなるかを比較してみましょう。
　相続人は1人＝相続税の基礎控除3600万円となります。

 ①現金で保有し続けた場合

> 財産評価　1億円　　相続税　税率30%
>
> 1220万円（財産の12.2%）　※（1億円−3600万円）×0.3−700万円＝1220万円
>
> 使える特例　なし……**1220万円納税**
>
> 保有価値　1億円を銀行預金（利息0.001%）で保有。
> 　　　　　※年間の受取利息……1000円。
> 　　　　　　　税金……20.315%（国税15.315%、地方税5%）
> 　　　　　　　税引後利息……**797円**

②1億円で自宅（土地、建物）を購入、居住した場合

| 財産評価 | 5000万円（※土地は路線価評価、建物は固定資産税評価） |

| 相続税 | 税率15% |

160万円（財産の3.2%）　※（5000万円－3600万円）×15%＝210万円

210万円－ 50万円（控除額50万円）＝160万円

| 使える特例 | 居住用小規模宅地等の特例……**納税はゼロになる** |

| 保有価値 | 固定資産税がかかる　収益はないため、収支はマイナスになる |

③1億円で不動産（区分マンションなど）を購入、賃貸した場合

| 財産評価 | 3000万円（※土地は路線価評価、建物は固定資産税評価） |

| 相続税 | かからない・申告不要　0円（財産の0%） |

| 使える特例 | 貸付用小規模宅地等の特例……**納税があれば節税できる** |

| 保有価値 | 家賃収入が入る　利回り4%の場合　年間400万円 |

金融資産と不動産の違いは？

相続人1人の場合

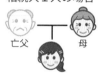

亡父　母　長女

基礎控除＝3,600万円

●預金1億円を持ち続けた場合　●1億円を不動産にした場合　●賃貸物件

評価	1億円
相続税30%	1,220万円（12.2%）
使える特例	なし
手取り	年間1000円（利息0.001%）

評価	5,000万円（時価の50%程度）
相続税15%	160万円
使える特例	あり
手取り	なし

評価	3,000万円（時価の30%程度）
相続税30%	0円（申告も不要）
使える特例	あり
手取り	年間400万円（利周り4%）

節税と収益は不動産で持つほうがメリット大

銀行に貯めるのがゴールではなくなった！

眠っている預金は自分のお金ではなくなる？

世界でも稀有な日本人の貯蓄志向

　日本人は貯蓄率が高く、金融資産の半分以上は預金となっています。

　これはアメリカやヨーロッパと比べると非常に比率が高いのです。貯めてはいるが、ずっと貯めたままで運用はしていないと言っていいのではないでしょうか？　まして預金は増えない時代ですので、貯めてはいるが、いずれ相続のときに減ってしまうことになります。

　そうした親世代のほとんどの方はずっと貯めているだけで、財産として残したと思っておられます。けれども預金にしておくリスクも増えているのです。

預金のありかで右往左往する現実

　ひとつは「預金のありかがわからないこと」です。相談に来られる方で子ども世代の多くは、親の預金はわからない、聞きにくいし、教えてもらえないと言われます。そうした人たちは相続になってから、慌ててあちこちの金融機関に出向いて預金口座を探すことからしないといけない現実があります。

　また、どんどん長寿社会になるとともに、ひとり暮らしの高齢者の方が増えており、認知症も増えているのが実情です。同居や身近な親にも金融資産を聞きにくいとなれば、長年離れて暮らす人はなおさら、聞けない、わからないという状況でしょう。そのまま認知症になってしまえば、どこの金融機関に預金しているのかもわからないまま、引き出しもせずに、相続になっても見つからない可能性も出てきます。

休眠預金は消滅してしまう

　2つ目は、見つからない預金が「休眠預金」となり、気が付かないままだと手元に戻らないということです。2018年より10年以上の入出金がない預金口座は、休眠預金となり、国の指定活用団体に移して活用されることが決まりました。眠らせておいた預金も忘れてしまい、引き出したりしなければ、休眠預金とされてしまうことになります。銀行に預けたから安心と言えない時代で、使わなかったら、自分も、子どもたちも使えなくなるのです。

名義預金が税務調査リスクとなる

　3つ目は「名義預金が税務調査の対象になりやすい」ということです。

　申告漏れとなった名義預金は相続財産として加算され、追徴課税されます。無申告加算税だけでなく、悪質な場合は重加算税が加算され、ほとんど手元に残せません。この機会に預金の残高や預け方を確認し、見直ししておくほうが安心でしょう。子どもや孫名義にしてある名義預金は名義人に渡してしまい、贈与を成立させておくようにすると安心です。

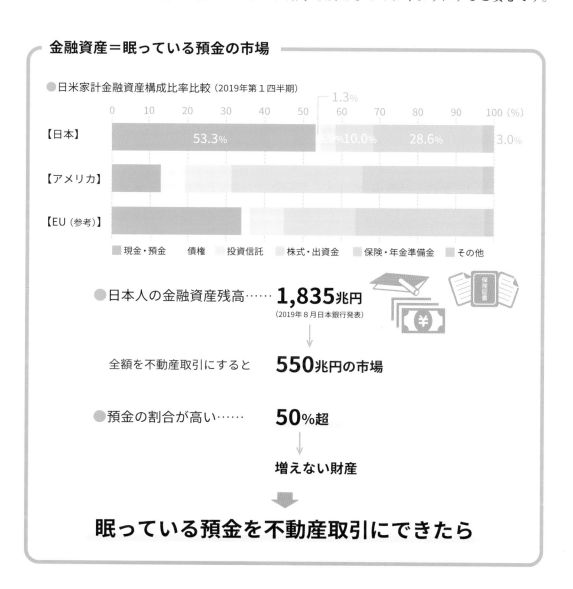

金融資産＝眠っている預金の市場

●日米家計金融資産構成比率比較（2019年第1四半期）

1.3%			
【日本】	53.3%	3.9% 10.0% 28.6%	3.0%
【アメリカ】			
【EU（参考）】			

■ 現金・預金　　債権　　投資信託　　株式・出資金　　保険・年金準備金　　その他

●日本人の金融資産残高……　**1,835兆円**
（2019年8月日本銀行発表）

全額を不動産取引にすると　**550兆円の市場**

●預金の割合が高い……　**50%超**

↓

増えない財産

眠っている預金を不動産取引にできたら

▶ **預金で保有しても増えない**
金利は0.001%
→ 1億円の利息で年間手取り額は
約1000円

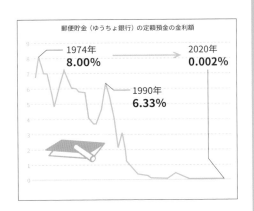

郵便貯金（ゆうちょ銀行）の定額預金の金利額

| 1974年 | 2020年 |
| **8.00%** | **0.002%** |

1990年
6.33%

▶ **休眠預金（10年超）は国に**
使われる
休眠預金は毎年約1200億円
年間約700億円は国が活用している
→ **10年以上放置すると自分で使える財産ではなくなる**

預金のリスク⇨増えない、節税できない、使えなくなる

▶ **株価は世界情勢に左右される**
コロナショックの影響は？
→ これから影響が出ることを想定

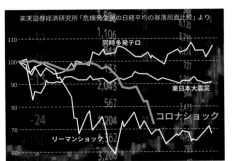

楽天証券経済研究所「危機発生後の日経平均の暴落局面比較」より

同時多発テロ
東日本大震災
コロナショック
リーマンショック

▶ # 金融破綻に備えるには？
→ 現物資産が安全　**金、不動産**
→ 新しい投資や金融システムを
取り入れることも必要になる
ビットコイン、仮想通貨

金もビットコインも大幅上昇　1ビットコイン＝ドル
ビットコイン
（注）ビットコイン相場はコインデスクによる
金
2020年1月　4月　7月
日本経済新聞ニュース（2020年7月28日）より

安定して「お金が増やせる仕組み」が必要

空地・空家はマイナス財産に なりかねない

使わない土地にも税金がかかり財産とならない

いまも信じられている、日本の「土地神話」

　かつて1980年代前半は好景気の時代でした。特に日本には「土地神話」があり、「土地を持ち、残すことが財産の継承となる」という考え方が定番だったと言えます。だからこそ、所有する不動産は空家になっても、使わなくて空地だとしても、持ち続けることが財産だということかもしれません。

　しかし、ほとんどの土地と建物は所有していれば固定資産税が課税されます。利用していない、住んでいない、収益がない、そんな不動産では、固定資産税だけを取り上げても財産としては持ち出し、マイナス要因です。

空地・空家を放置しない

　相続対策の観点から見ると、自宅として住んだり、住まいとして貸したりしている場合は評価が下がり、小規模宅地等の特例も生かせて節税の余地が生まれます。けれども、空地、空家のままで持っているだけでは節税効果はありません。課税対象となり、相続税の納税のために売却せざるを得ない、よくあるケースです。

　それにもかかわらず、空家は増える一方で848万戸もあるという調査結果が出ています。以前は住んでいたり、利用していた不動産ですが、住まなくなった、利用しなくなった段階で役割を終えたと考え、次に利用してくれる人に譲渡する習慣を作りたいものです。

　空地・空家を放置しないで早めに的確な対応をすれば、家はまだ住めることもあり、持ち出しの固定資産税の負担もなくなるなどメリットを生み出せるのです。

空地・空家を持っていても価値は半減

●空家数及び空き家率の推移（全国。1958～2018年）

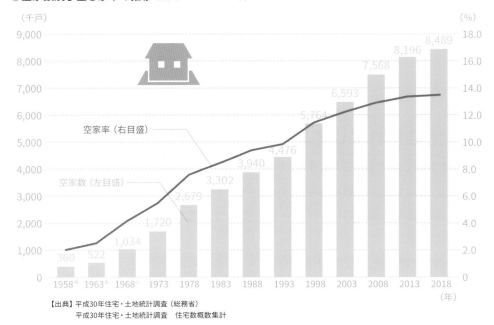

【出典】平成30年住宅・土地統計調査（総務省）
平成30年住宅・土地統計調査　住宅数概数集計

● 空家……　**848万戸**

（2018年総務省統計）

1戸当たり土地面積……　　約**33坪**※1

土地取引価格……　**坪単価26万円**※2

想定土地評価……　約**72兆円**

仲介手数料は　約**2兆円**の売り上げ

※1　平成30年住宅・土地統計調査　住宅及び世帯に関する基本集計　結果の概要（総務省）
※2　土地価格ドットコム　https://www.tochi-d.com/

空家以外の不動産を考慮すると、市場はもっと大きいと想定される

使わない土地を相続対策に活用できたら

空家はどうしたらいい？

空家を

売却したAさん →

保有したBさん →

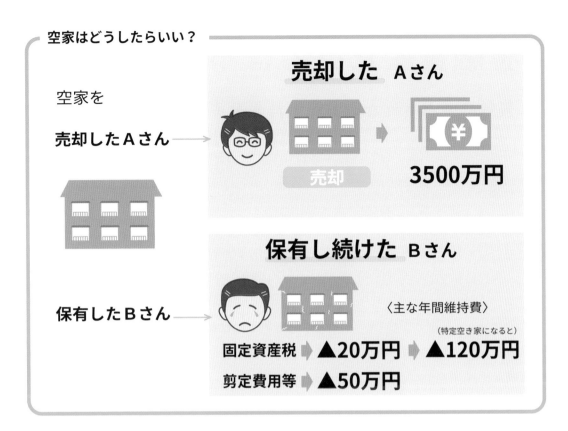

売却した Aさん

売却 → 3500万円

保有し続けた Bさん

〈主な年間維持費〉
（特定空き家になると）

固定資産税 → ▲20万円 → ▲120万円
剪定費用等 → ▲50万円

空家・空地の持ち方で差がつく

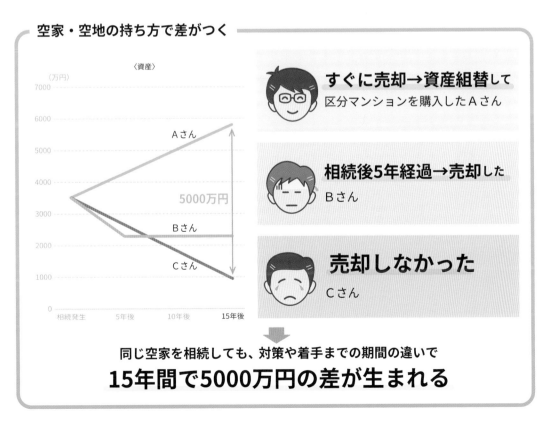

〈資産〉
（万円）

Aさん
5000万円
Bさん
Cさん

相続発生　5年後　10年後　15年後

すぐに売却→資産組替して
区分マンションを購入したAさん

相続後5年経過→売却した
Bさん

売却しなかった
Cさん

同じ空家を相続しても、対策や着手までの期間の違いで
15年間で5000万円の差が生まれる

金融資産だけでは不安

景気に左右されない資産の持ち方をしておく

資産運用は分散。不動産所有を視野に

相続対策を考えた場合、自分の意思が働かない株式投資だけでは不安があります。投資信託や株式保有は全体の一部として、あくまで長期保有の目的とすることが望ましいと言えます。

預金は増える財産ではなくなったため、まとめて保有することは得策とは言えません。必要なときに使える金額があればいいと考えると、定期預金などに貯めておく必要はないのです。

生命保険は非課税枠がありますので、そのメリットが生かせる程度はかけておいてもいいと言えますが、それ以上の多額な保険に加入する必要はないと言えます。

以上の金融資産を持ちつつも、財産は不動産で所有することも定番となります。評価を下げて相続税を減らしながら、収益を生み、維持しやすい財産となるのが不動産です。

不動産所有と資産見直しのポイント

やはり最寄り駅に近い、価値が下がらない地域と立地を選ぶことが大切です。判断は難しいかもしれませんので、相続や不動産の専門家のアドバイスやサポートを得ることをオススメします。

いずれにしても、不動産と金融資産の配分バランスを考慮して、極端に偏った持ち方をしないように注意することが必要でしょう。

また財産は一度取得して終わりではなく、定期的に見直して、入れ替えることが必要です。使わない、住まないものは売却して、新たに購入、住み替えなどをしていくことで財産の価値を保つことができます。

預金も、不動産も持っているだけでは増えない財産となりました。財産はそのまま持ち続けるのではなく、収益を上げながら維持・活用していくことが必要であり、不可避な時代になったのです。しかも、お一人おひとりオーダーメードで考えないとうまくいきません。個々に違う対策が必要になります。

バランスのよい財産の持ち方が対策になる

有価証券

●投資信託って何？

投資家からお金を集め、代わりに運用してくれる

保険

●積立型保険の解約返戻金について

生存保険料	無事満期を迎えた場合にのみ満期保険金として受け取れる部分
付加保険料	掛け捨て部分
死亡保険料	死亡した場合にのみ死亡保険金として受け取れる部分

← **この部分＋運用利益が返戻金となる**

← この部分は戻ってこない

預金

●現在の預金金利…… **0.001%**

不動産

購入金額：3,000万円

年間家賃収入：120万円

年間支出：20万円

実質利回り ＝ {（年間家賃収入 － 年間支出）÷ 物件価格} ×100
（120万円）　　　（20万円）　　　（3,000万円）

利回り：3.3%

↓

金融資産だけでは不安要素がある

2章

相談の
みえる化・わかる化

相続のプロ・相続実務士®の役割や具体的に行うこと、"円満相続"を実現するために大切な「相談」「みえる化」「わかる化」について、解説します。

相続対策は「相談」から

相続問題全般を解決する"相続実務士®"が行っている相談システム

相続のプロ"相続実務士"が最重要視するのが、「相談」

　相続前・相続後にかかわらず、相続対策を効果的に進める際に、大切なキーワードとなるのが、「相談」です。

　相続に関わる問題は、税務や法務など専門知識も必要となります。「相続の本を何冊も読んで勉強したから、なんとかなるだろう」と思われる方もいらっしゃいますが、円満に進んでいるならば良しとしても、後々振り返ると、じつは"もったいない！""こうすればスムーズにできたのに！"というケースも多々あります。

　そのようなことがないように、最善の提案を行っているのが、私たち、**相続実務士**です。

　私たちは、お客様にとって最良の成果を実現するために、何よりも相談を重要視しています。相続に関わる情報を漏れなくお聞きし、お客様の置かれた状況やお気持ちを、できる限り把握するよう努力しています。

　そんな相続実務士が、相続に直面しているみなさまにご用意していただきたい内容は、以下となります。

ご用意していただきたい資料や情報

相談カード
- ご家族の状況
- 生前・相続後

　※相続後は相続発生日・申告期限
- 遺言書の有無

父　被相続人
母

長男
長女　相続者

財産の内容
- 不動産 ⇒ **固定資産税納付書**
- 金融資産 ⇒ **預金・有価証券**
- 生命保険 ⇒ **証書・契約書**
- 負債 ⇒ **返済明細表**

(1) 相続実務士相談システム『ほほえみ』　～お客様情報～

基本情報
お客様より新規のご相談をいただきましたら、受付と≪ご相談カード≫を
送付するために、新規登録を行います。
新規登録後、ご相談希望のお客様へ『ほほえみ』に事前入力をメール等で
依頼します。
　⇒お客様用URLまたはQRコードを発行ができます。

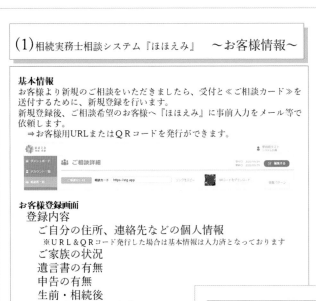

お客様登録画面
登録内容
　　ご自分の住所、連絡先などの個人情報
　　※URL＆QRコード発行した場合は基本情報は入力済となっております
　　ご家族の状況
　　遺言書の有無
　　申告の有無
　　生前・相続後
　　ご相談や質問の内容　など

(2) 相続実務士相談システム『ほほえみ』　～資産情報～

●登録内容
　　ご自宅の土地・建物
　　その他の土地（駐車場・アパート・空き地等）
　　金融資産
　　　（現預金・有価証券・生命保険・借入金）

イメージ図

相談のみえる化・わかる化

円満相続のための「相談」の流れ

　前ページの項目を踏まえ、相続実務士がさまざまなご質問をさせていただき、課題を解決し、不安を解消して円満相続のための解決策をアドバイスするようにします。

　お客様からあるよくあるお悩みをまとめてみるといくつかの共通点があります。

よくある悩み

相続のもめごとトップ3 ➡ 遺産分割が難題

①コミュニケーションが取れない

それぞれの主張が対立、一方的に話を進める、
頭ごなしで聞く耳もたず、話し合いにならない

②財産を開示しない

身近な相続人が財産を預かり、教えない、分けない

③不動産が分けにくい

・相続人が複数いるのに不動産は１ヶ所だと分けられない

・自宅も賃貸物件も１人の相続人が独占すると反発がある

・同居していると当然相続できるという考えで温度差がある

・相続税では遺産分割のもめごとが多い

　親子や兄弟姉妹で会話ができないほどこじれてしまう ⇒ **調停、裁判に発展**

・もめるときは財産の多少に関係ない

　ふつうの家庭がもめる ⇒ **相続は資産家だけの問題ではない**

もめると“絶縁”になるご家庭は、少なくない

ご相談内容をお聞きした後、おおよそ次の流れで相続実務士がご相談に対応します。面談は60分を目安としています。

相続相談の時間配分（目安は60分）

ステップ1　お客様データ事前登録

ステップ2　ご家族と財産、相談内容のヒアリング　10分

ステップ3　財産評価、相続税クイック診断　15分

ステップ4　相続対策の提案パターン提示　5分

ステップ5　課題整理・解決のアドバイス　10分

ステップ6　オーダーメード相続プランの説明　10分

ステップ7　相続プランの委託　10分

🔒 相続のキーワード **1**『相談』

相続実務士®が行う、「相談」の７つのステップ

60分で問題・課題・将来を整理する

ステップ1　お客様データ事前登録

　相談をご希望のお客様には、日時のご予約をしていただくようにしています。遠方からのご依頼も多く、お電話やメールでご予約いただくことができます。

　相談の予定日が決まれば、登録用のURLをお知らせし、スマホやパソコンから下記内容のご登録をしていただくようになります。

　スマホやパソコンに不慣れな方に対しては、別途、用紙をファックスにするか、郵送することでもご対応できます。

登録内容

・ご自分の住所　　・連絡先などの個人情報

・ご家族の状況　　・財産の内容

・生前・相続後の指定、ご相談や質問の内容

　この時点で、家族の状況や財産の内容を整理していただくことが大切です。

　相続人は誰で、何人か？　配偶者はいるか？　同居する子どもはいるか？　子どもは持ち家があるかは必須項目です。また、子は結婚しているのか、孫はいるか？　などをも参考として確認します。

　不動産は、固定資産税納付書をもとにしますが、評価は自宅、駐車場、アパートなどといった利用ごとに評価をします。それぞれの土地がどのような利用をしているかを知っておきましょう。建物の名義も確認します。土地の所有者とは違う名義の建物が建っている場合は評価の仕方が変わります。親の土地に子ども名義の家が建つ場合は使用貸借となり評価減はありません。他人が建てている場合は貸し宅地です。

　賃貸住宅は入居割合により評価が変わりますので、何世帯あり、満室なのか、空室があるのかも確認しましょう。

　金融資産についても、預金、投資信託等、株式等で把握しておきましょう。生命保険は

被保険者、受取人、保険の種類などを確認します。

　負債がある場合も、金額だけでなく、返済額、担保の有無、借り入れの名目なども知っておきましょう。

登録フォームのイメージ図

※夢相続が開発した「相談システム」を利用した場合をご紹介します。

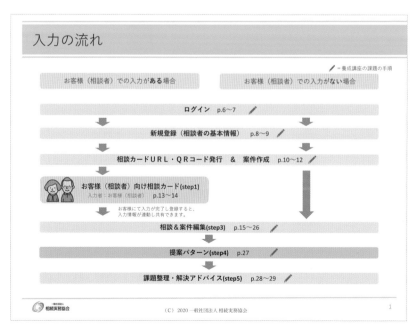

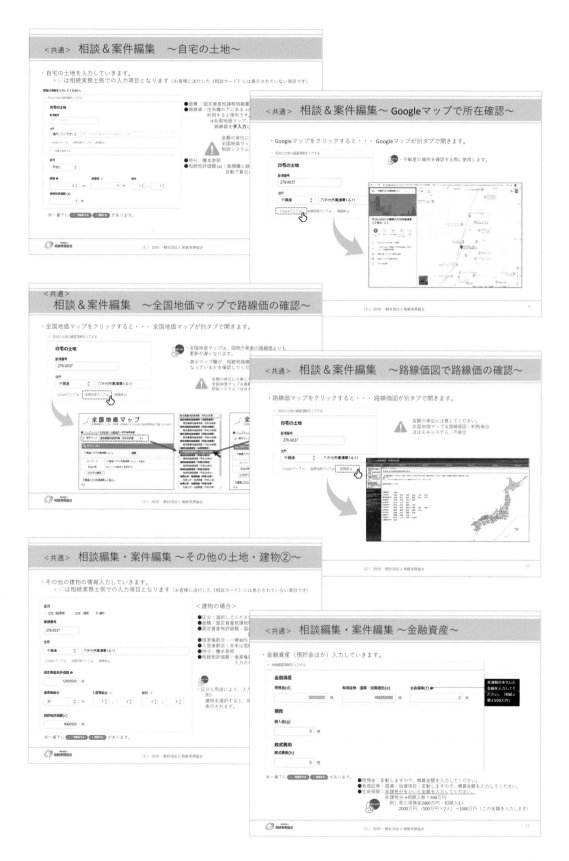

＜共通＞　相談編集・案件編集 〜財産総額〜　（自動反映）

・財産総額が自動で反映されます。
　　＊印は相続実務士側での入力項目となります（お客様に送付した《相談カード》には表示されていない項目です）

※一番下に　一時保存する　登録する　があります。

　ポイント！　小規模宅地等の特例に
　　　　　　　チェック（✔）をつけると
　　　　　　　適用後の金額が提示されます▶

＜共通＞　提案パターン①　（自動反映）

・相談＆案件編集の一番下にある　＋登録する　をクリックすると、入力した情報に基づいて提案パターン
画面へ移行します。相談者へ説明する際にお使いください。

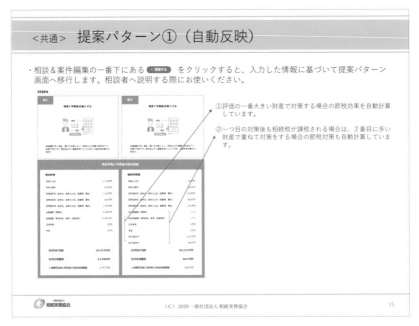

①評価の一番大きい財産で対策する場合の節税効果を自動計算
しています。

②一つ目の対策後も相続税が課税される場合は、2番目に多い
財産で重ねて対策をする場合の節税対策も自動計算していま
す。

ステップ2 ## ご家族と財産、相談内容のヒアリング（10分）

ご登録いただいたご家族の状況と財産の内容を確認します。

ご相談の内容や質問事項、不安に思っていること、解決しておきたいことなども含めて、最初はお客様からお話ししていただきます。

相談を受ける相続相談士は、3名で対応。これには理由があって、ヒアリング、資料の確認や評価、データ入力、有料業務の説明、見積もりの提示など、3人が役割分担をし、それぞれの知見を合わせながら協力してご相談に対応するからこそ、さまざまな解決策が提示できるからです。

相続相談には専門家1名だけがご相談者と向き合うことが一般的かと言えますが、「スピード」「内容」「選択肢」といった観点から、私たちはあえて3名で相続実務に取り組むという姿勢でスピード感をもって、アドバイス、ご提案をしています。

ヒアリングでは、最初にお客様の現状や不安をお尋ねします。

相続人のこと、財産のこと、遺産分割のこと、申告・納税のこと、生前対策のことなど、いろいろな項目のことです。

その際、独自に開発したカウンセリング「夢相続カウンセリング」を活用して、状況を確認することもあります。「夢相続カウンセリング」の項目は5章「感情面」の課題と6章「経済面」の課題でご紹介します。

相続を考える時、【感情面】と【経済面】の両方ともに課題となる項目があります。

「夢相続カウンセリング」では、

【感情面】を、

- **被相続人、相続人に関すること**
- **遺産分割に関すること**

の項目に分けて課題を想定しています。

【経済面】は、

- **財産に関すること**
- **申告・納税に関すること**
- **生前対策に関すること**

に分けています。それぞれに一般的に課題となる10項目を挙げています。

該当する項目があれば、課題を知ることができ、相続になる前に対策するヒントになります。

相談のみえる化・わかる化

相談時のイメージ

相談ブースの配置

相談のお客様

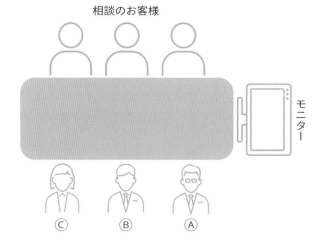

モニター

Ⓒ　　　　Ⓑ　　　　Ⓐ

Ⓐ **メイン実務士**
相談内容のヒアリング、課題整理、解決提案

Ⓑ **メイン実務士をフォロー**
相続プランの説明、委託書の説明と受託

Ⓒ **パソコン入力を担当**
財産を確認、入力し、評価額を算出

▶相続実務士の役割分担

相続実務士Ⓐ⇒相談内容のヒアリング、課題整理、解決提案

- ・相談者から状況を聞き出す
- ・相談者の質問に回答する
- ・課題を解決できる方法をアドバイスする

相続実務士Ⓑ⇒相続プランなど業務の紹介、委託書の説明

- ・相談内容に沿った課題解決の業務を説明する
- ・業務のサンプルの提案
- ・業務の委託についての説明
- ・委託書にサインをもらう

相続実務士Ⓒ⇒所在地、路線価の確認、入力・評価・税額の算出

- ・不動産の所在地確認
- ・相続税額計算
- ・相続対策の提案パターン選出
- ・謄本や公図の取得
- ・資料のコピー

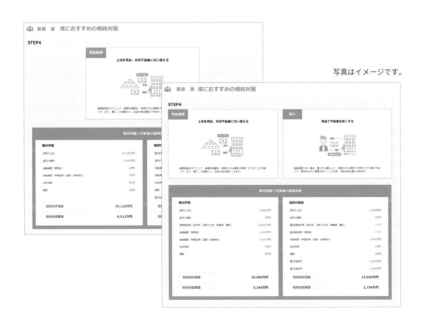

写真はイメージです。

財産評価、相続税クイック診断（15分）

相続相談の時間に【相続税クイック診断】をすることで、財産の全体像を確認します。

最初に、「相談シート」にて、生前か、相続後かを確認します。家族構成を確認し、生前であれば"本人"、相続後であれば"被相続人"を確認し、相続税算出のもとになる"相続人の数"と"基礎控除"を出します。

次に、相続財産の内容を確認します。確認の不動産の固定資産税納付書、謄本、公図など手元にある書類を持参してもらいます。土地の所在地を地図（グーグルマップなど）で確認し、利用状況も確認のうえ、路線価あるいは倍率により、評価を算出します。建物は固定資産税評価額となります。預貯金、株式、生命保険などの金融資産については、概算をお聞きします。債務についても確認します。

【相続税クイック診断】のフォームに、相続人の数、財産の明細を入力し、財産の総額を出します。基礎控除の額により、相続税の申告の要否も判断します。次に基礎控除を超える場合、相続税額を算出します。【相続税クイック診断】では、基本的な相続税を算出しますが、特例制度を適用することによる相続税の節税の可能性の有無を判断します。

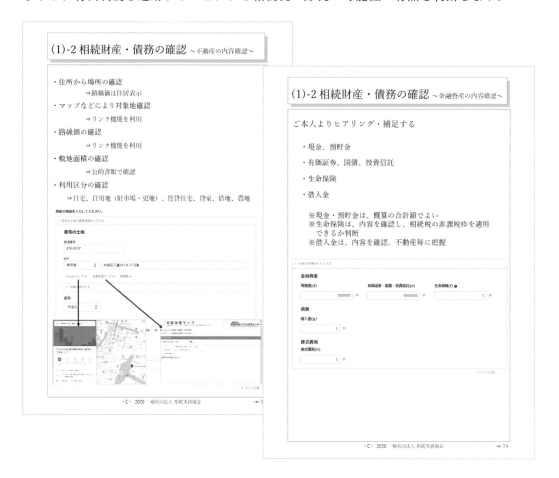

◇生前であれば **"本人（または被相続人）"**、相続後であれば **"被相続人"** を確認

◇家族構成の確認：相続税算出のもとになる **"相続人の数"** と **"基礎控除"** を算出

◇財産の内容を確認：不動産の固定資産税納付書、謄本、公図などの書類の確認

◇土地の所在地を地図（グーグルマップなど）で確認し、利用状況も確認

◇路線価あるいは倍率により、土地の評価を算出

◇建物については固定資産税評価額で算出

◇預貯金、株式、生命保険などの金融資産については、概算をヒアリング

◇債務に関する確認

(1)-3概算評価・申告の要否判断

●相続税概算額

・財産合計額の算出

・相続人の数より基礎控除の算出

・相続税概算額の算出

・小規模宅地等の特例の適用の可否

※財産額が基礎控除を超えると、相続税の申告の必要があるため、お客様にその旨を伝える。

▼小規模宅地等の特例のチェック（✔）をつけると適用後の金額が提示されます

ver. 2.5

相続対策の提案パターン提示(5分)

　ステップ3の【相続税クイック診断】の結果に対して、節税対策の提案パターンを自動選択し、節税効果を提示します。節税項目や節税額をわかりやすく「みえる化」しますので、相続対策をイメージしていただきやすくなります。

相談対策提示のイメージ

①　評価の一番大きい財産で対策する場合の節税効果を自動計算します。

②　一つ目の対策後も相続税が課税される場合は、2番目に多い財産で重ねて対策をする場合の節税対策も自動計算します。

ステップ5 **課題整理・解決のアドバイス**(10分)

　相続財産の確認や相続対策の提案パターンの提示を行ったあと、あらためてご依頼主さまのご質問項目についてアドバイスしていきます。相続人の状況や相続財産の内容を整理することで、解決すべき課題を明らかにしやすくなります。この課題を解決するための具体的な方法をアドバイスし、円満な解決へと導くことが相続実務士の役割となります。

ステップ6 **オーダーメード相続プランの説明**(10分)

　相続でもめる原因となりやすい感情面、税金の負担の大きい経済面に配慮した「オーダーメード相続プラン」の作成をおすすめするためサンプルをご説明します。生前対策で大切なことは、相続人に対する配慮です。「感情面」「経済面」の配慮があれば、いざ相続になっても親族間での混乱は回避できます。なお「オーダーメード相続プラン」は有料業務になるため、費用を算出するためにも財産の内容や評価を確認して、提示するようにしています。

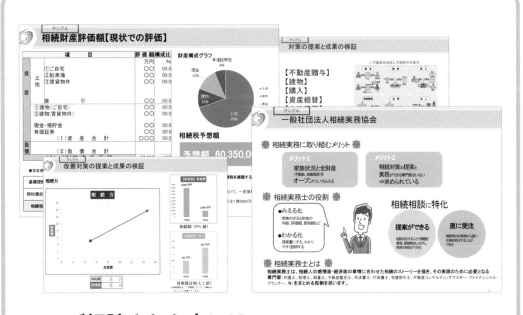

夢相続のご提案サンプル

ご相談された方には
ご提案書サンプルを無料進呈いたします。

相続プランの委託（10分）

　ここまでのステップでお客様にご納得をいただければ、「オーダーメード相続プラン」のお申込手続きとなります。ご負担いただく費用は、ステップ3で算出した財産の評価額が基準となります。

　お申し込みの手続き後は、必要書類をご案内し、不動産の現地調査の日程なども決めるようにします。生前の相続プランでは委託から1カ月程度の作成期間をいただき、できあがったご提案書をご家族にご説明する機会を設けます。相続対策のご提案についてご家族にも理解していただき情報を共有し、ご協力いただくことをおすすめしています。

「オーダーメード相続プラン」の委託書

委託者　　　住　所 ＿＿＿＿＿＿＿＿＿＿＿＿＿＿＿＿＿＿＿

　　　　　　氏　名 ＿＿＿＿＿＿＿＿＿＿＿＿＿＿＿＿ 印

　　　　　　　　　　　　　　令和　　年　　月　　日

1．必要書類および確認する内容

①財産に関するもの	交付場所	お客様取得	当社取得	費用
固定資産税納付書 （または固定資産税評価証明書）	市区町村役場	☐	☐	当社取得の場合 1通 1,500円
土地・家屋の登記簿謄本	法務局	☐	☐	当社取得の場合 1通 700円〜
土地の公図	法務局	☐	☐	当社取得の場合 1通 500円〜
会社を経営している場合・・・決算書	―	☐	―	―
賃貸物件を所有している場合 ・・・確定申告書の写し	―	☐	―	―

2．お知らせ頂く内容

預貯金の合計額（概算）	（　　　　　　　　　　円）
有価証券の合計額（概算）	（　　　　　　　　　　円）
生命保険の合計額（概算）	（　　　　　　　　　　円）
借入金の合計額（概算）	（　　　　　　　　　　円）

※お預かりする書類や情報については守秘義務を順守致します。

業務案内
1．現状のヒアリング
2．不動産に関する調査
3．現状分析及び課題の整理
4．生前対策のプランニング
5．対策の提案とミーティング（適宜）

※当社は相続コーディネートの立場で、課題を整理し問題解決や
　今後の対策についてご提案いたします。各専門家（弁護士、税理士、
　不動産鑑定士、司法書士、土地家屋調査士など）と連携を取り、
　内容の確認をする体制にしております。

費用

1億円まで	198,000円（税込）
1億円〜3億円	398,000円（税込）
3億円〜	598,000円（税込）
10億円以上は別途見積もり致します。	

※但し、不動産を多く所有されている場合や遠方への現地調査、
　必要書類取得に別途実費が必要となる場合がございます。
　その際は別途、ご提案時に見積もりいたします。

夢相続 オーダーメード相続プラン・生前対策

夢相続にご依頼いただくメリット

▶ **相続の課題を整理、対策をレポート**にしてご提案

▶ **実務のサポート**をいたします

感情面

相続人の状況をヒアリング

▼

**遺産分割で
もめないように配慮**

経済面

財産の内容を確認、評価

相続税の節税案を提案

金融資産、不動産の具体的対策

・収益があがる
・納税ができる
・分割で困らない

▶ 財産になる
ような提案

▶ 夢相続の オーダーメード相続プラン・生前対策 は

相続になる前に課題を整理

▼

もめないよう 感情面の対策 と

節税して収益が上がる 経済面の対策 を

ご提案サポートするプランです。

🔒 相続のキーワード **2**『みえる化』

ご家族の状況と財産の内容・評価・相続税などをみえる化

家族でオープンに共有する

家族の状況と財産の内容をオープンに

相続に直面した際、残されたご家族が円満に、不安なく、争わずに乗り切るためには、「感情面」と「経済面」の両方に配慮しながら、しっかりとした対策を準備する必要があります。

代々にわたって継承された資産、ご本人の努力によって築かれた財産、それらの価値を損なうことなく、また相続を通じてご家族の絆がより深まる、それでこそ相続の価値が高まります。

相続の価値を高めるためには、元気なうちにご家族と一緒に配慮ある相続対策をしておくことが大切です。そうした用意がないと、残された家族は迷い、主張し合い、争うことになるのです。

相続は「何とかなるだろう」ではうまくいきません。元気なうちに「相続プラン」を作り、自分の意思を残すようにしてください。

「相続対策」チェックリストを使って確認してみましょう

▶**ステップ１　感情面を考えてみましょう**

〇家系図を作成します……相続人は誰ですか？　何人ですか？

▶**ステップ２　経済面を考えてみましょう**

〇不動産、金融資産、負債など、すべての財産を確認、評価します。

〇財産の総額から基礎控除額を除いた金額に相続税が課税されます。

〇相続税額を計算します。

カウンセリング

「経済面」では、

①財産に関すること

②申告・納税に関すること

③生前対策に関すること、あるいは、手続き・専門家に関すること

「感情面」では、

④被相続人、相続人に関すること

⑤遺産分割に関すること

以上5つの項目に対して質問項目を設け、財産とご家族の状態を確認します。

あわせて課題となりそうな不動産の共有、担保提供、連帯保証や負債の有無、負債内容や返済の原資、さらには分けられる財産構成か否か、分割金・納税資金の余裕はあるか、等々を確認します。項目に分けることで課題の整理ができるようになります。

SETP1　感情面を考えてみましょう

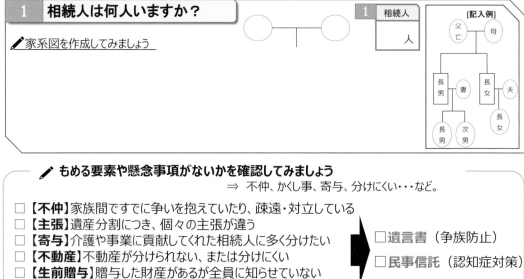

1　相続人は何人いますか？

✎家系図を作成してみましょう

1　相続人
　　　　　人

[記入例]

✎ **もめる要素や懸念事項がないかを確認してみましょう**

⇒　不仲、かくし事、寄与、分けにくい・・・など。

□【不仲】家族間ですでに争いを抱えていたり、疎遠・対立している
□【主張】遺産分割につき、個々の主張が違う
□【寄与】介護や事業に貢献してくれた相続人に多く分けたい
□【不動産】不動産が分けられない、または分けにくい
□【生前贈与】贈与した財産があるが全員に知らせていない

➡ □遺言書（争族防止）
　 □民事信託（認知症対策）

SETP2　経済面を考えてみましょう

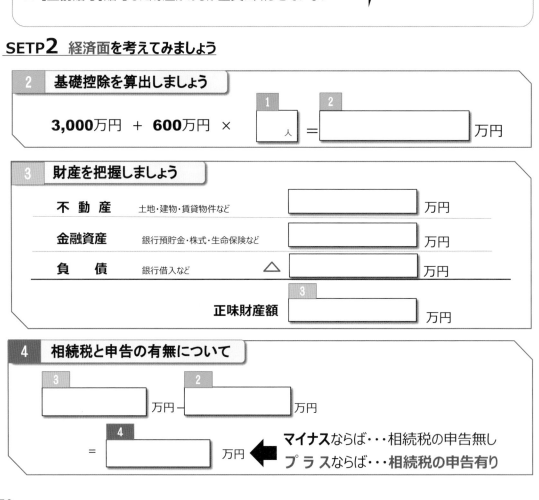

2　基礎控除を算出しましょう

3,000万円 ＋ 600万円 × 〔1　人〕 ＝ 〔2　　　　〕万円

3　財産を把握しましょう

不　動　産	土地・建物・賃貸物件など	万円
金融資産	銀行預貯金・株式・生命保険など	万円
負　　　債	銀行借入など	△　　　　　万円

正味財産額　〔3　　　　〕万円

4　相続税と申告の有無について

〔3　　　　〕万円 － 〔2　　　　〕万円

＝ 〔4　　　　〕万円 ◀ **マイナス**ならば・・・相続税の申告無し
　　　　　　　　　　　　 プラスならば・・・相続税の申告有り

対 策 チェックリスト ✏

✏ **相続税の計算の仕方** ※ 相続税額は法定相続人の数で変わります。周りのスタッフにお声掛けください。

例

財産：8400万円（ 3 ）
　－ 基礎控除：4800万円（ 2 ）
　　　　　　＝3600万円（ 4 ）

亡父 — （法定相続分 $\frac{1}{2}$（a））
法定相続分 $\frac{1}{4}$（b）　法定相続分 $\frac{1}{4}$（b）

❶ 3600万円（ 4 ）× $\frac{1}{2}$（a）＝1800万円（c 配偶者の相続額）

　右下の相続税表で1800万円(c)の税率を確認⇒15%(d)

　1800万円（c）× 15%(d) － 50万円(控除額) ＝ 220万円(e)

❷ 3600万円（ 4 ）× $\frac{1}{4}$（b）
　　　　　　　　＝900万円（f 子供1人当たりの相続額）

　右記の相続税表で900万円(f)の税率を確認⇒10%(g)

　900万円（f）× 10%(g) － 0(控除額) ＝ 90万円(h)

❸ 220万円(e) ＋ 180万円（i） ＝ 400万円 ⬅ **相続税額**

相続税表

各法定相続人の取得金額※	税率	控除額
～1,000万円以下	10%	－
1,000万円超～3,000万円以下	15%	50万円
3,000万円超～5,000万円以下	20%	200万円
5,000万円超～1億円以下	30%	700万円
1億円超～2億円以下	40%	1,700万円
2億円超～3億円以下	45%	2,700万円
3億円超～6億円以下	50%	4,200万円
6億円超～	55%	7,200万円

✏ 相続税がかかるかや懸念事項がないかを確認してみましょう

⇒ 相続税、不動産、金融資産・・・など。

- ☐ **【財産確認】**財産がどれ位あるか確認できていない
- ☐ **【生前対策】**これといった生前対策はしていない
- ☐ **【預金】**他の財産に比べて預金が少ない
- ☐ **【名義預金、保険】**自分が契約した家族名義の預金や保険がある
- ☐ **【不動産の整理】**問題を抱えた不動産がある（境界、共有名義等）
- ☐ **【土地の有効活用】**遊休地がある
- ☐ **【納税】**納税するための現金はない
- ☐ **【売却】**土地を売却しないと納税できない
- ☐ **【節税】**相続税を節税する余地がある
- ☐ **【不動産が多い】**自宅の他にも不動産がある

☐ **節税対策**　　☐ **納税対策**

相談のみえる化・わかる化

51

相続実務士®からの「提案書」で、問題を「わかる化」する

具体的な相続対策プランを発想、立案、資料化

財産評価と対策と、節税効果は数値にすればわかる

相続実務士は、生前の相続対策、相続後の対策、さらには次なる相続対策といった「相続のすべてをコーディネート」します。「オーダーメード相続のストーリーを描き、有形、無形の財産を残す」ことをめざしてお客様のサポートをしています。

お客様の財産の維持継承や節税対策だけでなく、ご本人の意思やご家族の気持ちに配慮したストーリーのご提案をするようにしています。

相続実務士はそれぞれいままでの経験やノウハウを生かし、遺産分割や財産評価、申告や納税について、ご家族が納得できる最良の対策をご用意するようにしています。

では、相談するお客様からは、どういう点を意識すればよいでしょう？

目に見える財産の維持・継承だけでなく、かけがえのない家族間で無益な争いをもたらさないことも、相続対策の重要項目だといえます。当事者になってみると感情的な思考になりがちで、冷静な判断が難しいこともあります。そうした感情面でもしこりを残さないよう前向きな対策に取り組めるようにしていきます。

みえる化＝相続初心者でもわかりやすい資料作り

相続実務士からお客様へご提案する内容は、相談内容によって当然、異なってきます。

ご家族の状況から、相続人を特定し、相続税の基礎控除を説明。不動産については現地調査をしたうえで、現地の写真・地図も添えて見てわかる資料にします。実務的には、公図で地形を確認するとともに簡易測量で面積を測定し、路線価図も添付します。

すべての財産について確認が終わると、財産の一覧表を作成し、【相続税クイック診断】のフォームで相続税の概算を算出。相続税が発生する場合には、節税対策の提案内容もご用意します。

節税対策としては、対策の方法と節税効果、メリットとデメリット、他の選択肢なども、わかりやすく表示し、節税効果などは具体的な金額を出して説明します。相続のすべてが見てわかる資料作りを心がけています。

相続対策の発想力をアップするには

相続対策に発想力という言葉はそぐわないかもしれませんが、相続実務士としては、よりお客様やご家族にとって円満かつ満足していただける相続プランを作成するにあたり、"通り一辺倒"の提案でなく、発想力を生かした方法をご提案しています。その際に、私たちが意識していることは、

○ご本人、ご家族に合わせてオーダーメード相続の最良のストーリーを描く
○メリット、デメリットを提示し、お客様が理解しやすい内容の提案書にする

そのためには、お客様やご家族からのご希望や情報提供がなければなりません。お客様には、相続に関する大枠をご理解していただき、ご提案の内容を理解し、前向きな決断ができる知識をもっていただくことをオススメしています。

節税の基本：評価の仕方の違いを知っておこう

評価の仕方の違いを節税対策に活用する

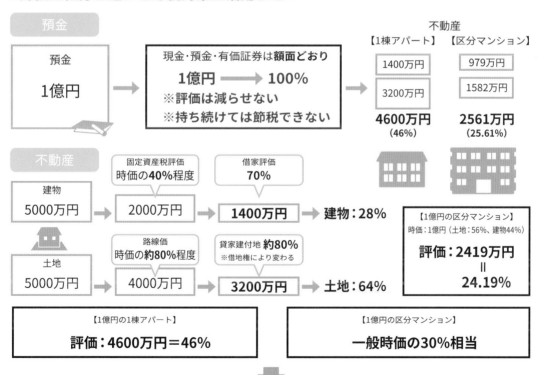

預金

預金
1億円

現金・預金・有価証券は額面どおり
1億円 → 100%
※評価は減らせない
※持ち続けては節税できない

不動産
【1棟アパート】　【区分マンション】

1400万円	979万円
3200万円	1582万円
4600万円（46%）	**2561万円**（25.61%）

不動産

固定資産税評価
時価の**40%**程度

借家評価
70%

建物
5000万円
→
| 2000万円 |
→
| **1400万円** |
→ 建物：28%

【1億円の区分マンション】
時価：1億円（土地：56%、建物44%）
評価：2419万円
＝
24.19%

路線価
時価の**約80%**程度

貸家建付地 **約80%**
※借地権により変わる

土地
5000万円
→
| 4000万円 |
→
| **3200万円** |
→ 土地：64%

【1億円の1棟アパート】	【1億円の区分マンション】
評価：4600万円＝46%	一般時価の30%相当

不動産の評価が節税効果を生み出す

節税の基本：土地活用で賃貸住宅を建てると節税になる

路線価4500万円の土地に1億円借りて賃貸マンションを立てる場合

①＋②－③　△**8290万円評価減**となる

税率50%場合相続税は**4145万円**減らせる

節税の基本：相続税の算出はシンプル

相続税は難しくない：足し算、引き算、掛け算で出せる

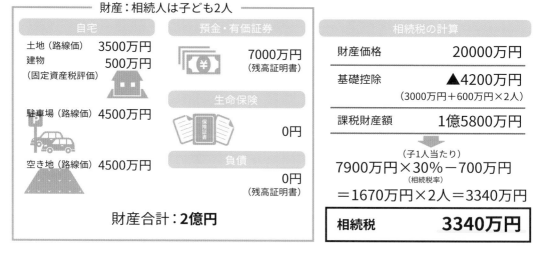

基礎控除を超えると相続税が課税される

節税の基本：相続税での節税イメージ

節税の基本：相続税の節税イメージを知っておきたい

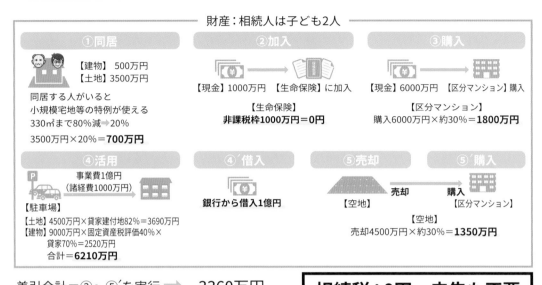

財産：相続人は子ども2人

①同居
【建物】 500万円
【土地】3500万円

同居する人がいると
小規模宅地等の特例が使える
330㎡まで80%減➡20%
3500万円×20%＝**700万円**

②加入
【現金】1000万円 【生命保険】に加入

【生命保険】
非課税枠1000万円＝**0円**

③購入
【現金】6000万円 【区分マンション】購入

【区分マンション】
購入6000万円×約30%＝**1800万円**

④活用
事業費1億円
（諸経費1000万円）

【駐車場】
【土地】4500万円×貸家建付地82%＝3690万円
【建物】9000万円×固定資産税評価40%×
　　　　貸家70%＝2520万円
合計＝**6210万円**

④′借入
銀行から借入1億円

⑤売却
【空地】 売却 購入 【区分マンション】

⑤′購入
【空地】
売却4500万円×約30%＝**1350万円**

差引合計＝②〜⑤′を実行 ➡ 3360万円
基礎控除 ➡ ▲4200万円 ➡

相続税：0円→申告も不要
※②〜⑤′を実行すれば①同居しなくても相続税は0円

生前に対策をすれば節税は可能になる

相続プラン実例：生前対策1＋3＋保険　節税効果の検証

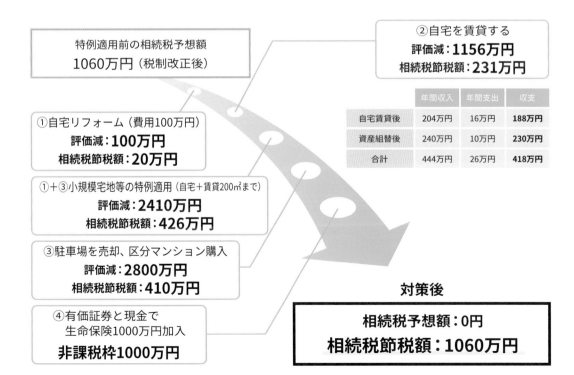

特例適用前の相続税予想額
1060万円（税制改正後）

②自宅を賃貸する
評価減：**1156万円**
相続税節税額：**231万円**

	年間収入	年間支出	収支
自宅賃貸後	204万円	16万円	**188万円**
資産組替後	240万円	10万円	**230万円**
合計	444万円	26万円	**418万円**

①自宅リフォーム（費用100万円）
評価減：**100万円**
相続税節税額：**20万円**

①＋③小規模宅地等の特例適用（自宅＋賃貸200㎡まで）
評価減：**2410万円**
相続税節税額：**426万円**

③駐車場を売却、区分マンション購入
評価減：**2800万円**
相続税節税額：**410万円**

④有価証券と現金で
生命保険1000万円加入
非課税枠1000万円

対策後

相続税予想額：**0円**
相続税節税額：**1060万円**

「わかる化」してくれる専門家＝相続実務士に、求めることとは？

　お客様からの委託を受け、相続実務士は解決のための提案書を作成します。そして、ご相談者だけでなくご家族にも集まっていただき、提案書の内容、今後の進め方などについてご説明、アドバイスをします。

　仮に、節税面や収益面で最良の提案であったとしても、お客様やご家族にご理解いただけず、前向きな合意が得られなければすすみません。提案書作りは決してゴールではなく、相続実務士が提示する対策案の中から、一つの案を、あるいはいくつかの組み合わせ案をご本人・ご家族が選択する、そうすることで判断材料にしていただくのです。

　ちなみに、私たちは生前の相続プランでは、委託を受けたお客様はおひとりでも、ご提案する際には、相続人となる配偶者と子どもさんにも集まっていただき、情報の共有を図っています。最終的な意思決定はご本人がするにしても、相続人に温度差があったり、知らせていなかったりしないような状況を作るようにしています。感情的なトラブルを誘発しないようにという配慮です。

相続実務士は、わかりやすく説明しているか？

　相続人は複数人であることが多いものです。できる限り皆さんに同じ資料や情報をお渡しすることを原則としています。

　特に相続後で遺言書がない場合は、相続人全員の意思確認と合意が必要になりますので、全員と情報共有をすることが鉄則になります。

　誰にとっても相続は重要でかつ難しい問題ですので、必ず書類を作成して説明するようにしますが、相続実務士が留意しているのは、大きな声でわかりやすく説明することです。専門用語はできるだけ避け、お客様の表情や反応によって理解が得られているかどうかを確認しながら進めていくようにしています。

　相続実務士は、提案内容を伝えるだけでなく、お客様やご家族の方が的確な判断・決断をしやすいようわかりやすく説明します。どんな場面でも一緒になって相続のストーリーをひとコマずつ進める、実現していくという気持ちになっていただくようにしています。

さて、ここまでは相続実務士が行うべき内容のポイントや行動、実務をご紹介しました。読者の方からすると、「では、どんな専門家に相談すればいいのか？」。そんな疑問が生まれたかもしれません。

そこで、相続実務士が常日頃から意識している「みえる化」「わかる化」を参考に、依頼する立場としてどんな専門家に相続の相談をするべきか、その判断基準となるチェックポイントをお伝えします。

3章

相続のご相談は
ひとりずつ違う！

生前、相続後のご相談事例・11例をもと
に、相続実務士®からのアドバイス（でき
る対策・注意ポイント）をご紹介します。み
なさんにも思い当たる例もあるかと思い
ますので、ぜひ参考にしてみてください。

生前のご相談… 【贈与】

割高でも生前贈与。
贈与税は特例適用で無税にできる！

二世帯住宅

　Aさん（50代女性）は二世帯住宅で母親と暮らしています。1階に母親が、2階にAさん家族が住んでいます。

　二世帯住宅は父親がまだ元気な頃、父親の土地に兄がローンを組んで建てたものでした。ところが完成して間もなく、兄は転勤のため遠くに住むことになり、2階が空家になってしまいました。両親の希望もあり、娘のAさん夫婦は両親との同居を始めました。

土地は父親から母親と兄の名義に

　父親は8年前に亡くなり、自宅の土地は母親と兄が半分ずつ相続しました。兄がすべて段取りしましたので、Aさんは言われるままに当時、遺産分割協議書に印を押しています。

　建物は兄名義でローンの返済もありましたので、Aさんは兄に毎月家賃を払っています。兄家族は仕事の関係でまだ実家に戻る予定は立たないといいます。母親も80代後半となり、相続が現実的な不安となったAさんはひとりで相談に来られました。

介護はAさんが担当

　80代後半の母親もいまは元気ですが、やがて介護が必要になるときがくるかもしれません。要介護ともなれば同居のAさんが世話をすることになるので、母親も自分の財産はAさんに渡す、と言ってくれています。

　母親の財産は土地の他に預金が1000万円ありますが、これからの生活や老後資金となり、決して多くは残らないと思われます。

贈与税には課税されない特例がある

　母親に遺言書を書いてもらい、亡くなったときに相続することもできますよ、と助言しましたが、いざ相続になれば兄の意見が強くなるかもしれず、遺言書があっても不安だといいます。また母親は、生前の贈与にも対応してくれるといいます。

　Aさんの次の不安は、贈与税が高いのでは？　ということでした。土地の評価は約2000

万円で、母親名義は半分の1000万円ですから、贈与税は177万円ほどになります。

計算式 1000万円 － 110万円 × 0.3 － 90万円 ＝ **177万円**
　　　　　　　　（基礎控除）　　（税率）　（控除）

　けれども**「相続時精算課税制度」という特例**を利用すれば、2500万円までの贈与ならば贈与税は課税されず、相続の時に相続税で納税することになります。しかも相続する財産が基礎控除以内であれば相続税もかからないので、結果的には贈与税も相続税も払うことなく財産が取得できるということです。

費用が割高でもいま手続きしておきたい

　贈与の手続きにかかるのは名義替えの費用と不動産取得税です。相続に比べれば割高になりますが、Aさんは、相続時の不安をなくしておきたいということです。すぐに母親に説明し、必要な書類を揃えると言って帰られました。

　兄には贈与の手続きが終わった後に、母親から伝えてもらうようにとアドバイスしました。母親が自らの意思として伝えることで余計な争いにはなりません。

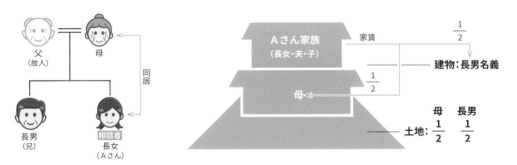

 相続実務士®からのアドバイス

できる対策

・土地に関して母親から贈与を受ける

・贈与契約書を作成、司法書士の意思確認もする

・相続時精算課税制度を利用して贈与税は納税なしを選択。翌年、税務署に申告が必要

注意ポイント

・兄と感情的な争いにならないように母親から贈与の意思を伝えてもらう

・預金など他の財産については生活費、老後資金に充て、残りは子ども2人で分ける等の遺言書を作ってもらうと争いになりにくい

・土地の共有につき、兄妹でルール決めをして、トラブルを避ける

?　生前のご相談…　【分割】

道路側から売却したのが失敗。
価値があっても旗竿地は分けられない！

道路側から売却して残りは旗竿地になった

　Dさん夫婦は70代。そろそろ自分たちの相続のことを考えたいと相談に来られました。

　Dさんの自宅は最寄駅から徒歩5分と近く、人気のあるエリアですので、3階建て12世帯のマンションは常に満室で、賃貸事業は順調です。相続税の節税対策にと建てたものですが、築20年になり、借り入れもほとんど残っていません。

　自宅とマンションの建つ土地は300坪あり、ほぼ半分に分けて、ゆったり利用しています。ところが、**道路側から切り売りしていったため、公道には5メートルしか面していない旗竿地**になったのです。

価値があっても旗竿地は分けられない！

　Dさん夫婦は4人の子どもに恵まれました。同じ敷地のマンションに住む長男と近くに住む次男。長女、次女は嫁いでいます。それぞれが子どもにも恵まれて、円満なご一家です。Dさん夫婦の悩みは、相続になったら4人の子どもたちにどう分けたらいいかということです。

　金融資産はそれほど多くなく、不動産90％、現金10％という割合でした。不動産はまとまった面積があるだけに土地と建物を合わせると約6億円にもなります。特例を適用すれば相続税はなんとか払えますが、課題はそれだけではありません。6億円もの評価となる価値ある不動産なのに、等分には分けられないのです。

財産をどう分ける？

　道路の形状からは土地を4つに分筆できる地形ではありません。自宅と賃貸マンションの2つに分けることは可能ですが、広い自宅を維持するには賃貸マンションの収入がないと難しいといえます。

　不動産を共有し、4分の1ずつ相続する方法は、権利こそ等分ですが、自宅やマンションに住む人と、そうでない人では不公平感が生じる可能性もあり、トラブルになりかねないため、オススメできないことをアドバイスしました。

不動産を管理する会社を作って家賃を分ける方法も取れなくはありませんが、不動産の半分が収益のない自宅で、その維持のために家賃を投入しなければならないことも足かせとなります。かといって代表者が不動産を相続すれば、孫の代で、相続や賃貸事業の運営で息詰まることは想像に難くありません。さらに迷路に入るようなことになるでしょう。

道路側から売ったのが失敗

整形地だったのが、Dさんの代になるまでの間に、道路側から売却したことが失敗だったといえます。将来、子どもたちに分けると言う発想がなかったのかもしれません。

しかし、現在は平等相続の時代で、6億円であればひとり1億5000万円の財産を相続できるはずです。仮に不動産を1人が相続するとすれば、他の相続人に4億5000万円の代償金を用意しなければなりません。それでは負担が大きすぎて、実現不可能となります。

売却しかない

分筆も難しく、共有にも課題があるとなれば、売却して換金、分けやすい財産に変えて、相続をしやすくするのが最も優れた対策と言わざるを得ません。Dさんご夫婦もなんとなくそうするしかない、と思われていたようです。相続の問題を子どもたちに委ねるのではなく、元気なうちに自分たちで決断をして、見通しをつけておくことがいいと言えます。

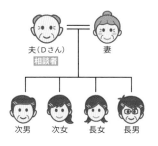
夫（Dさん） 妻
相談者
次男 次女 長女 長男

賃貸マンション 自宅

 相続実務士®からのアドバイス

できる対策

・相続でもめないように、生前に分けられる財産にしておく
・相続税を減らすために節税対策をしておく

注意ポイント

現状維持しようとすると分けにくいまま、長男のひとり勝ちとなるため、きょうだい間での感情的なトラブルになりかねない。

相続のご相談はひとりずつ違う！

独身の義姉の面倒なんか看られない！二世帯住宅は慎重にしないと息詰まる

二世帯住宅

Fさん（70代男性）が夫婦で相談に来られました。Fさん家族は、両親と独身の姉と自宅で同居してきました。15年前、父親が亡くなったときに、自宅の土地は長男としてFさんが相続しました。

建物が老朽化してきたため、10年前に建て直したのですが、母親と姉が住む家とFさん家族の家とは玄関を別にした完全な二世帯住宅としました。

土地は父親が亡くなったときに長男だということで、Fさん名義。家を建て直すとき、それぞれの家族の費用で建てるようにしたので、建物の3分の2はFさん、3分の1は姉名義にしました。母親の名義にするよりも長く住む姉名義にしようとなり、姉も自分のお金を出したのです。

共有名義だと売れない！

Fさん夫婦には2人の子どもがいますが、2人とも結婚して家からは独立して暮らしています。よって2人暮らしには広くなったといえます。

Fさんも70代となり、妻と老後のことをいろいろ相談するなかで、ずっと広い家に住み続けるよりも、子どもたちの世話にならなくてもすむ老人ホームに入ろう、という意見でまとまりました。それには家を売却する必要があります。

独身の義姉の面倒は看たくない！

土地はFさん名義でも、建物に姉の名義があれば勝手には売れません。姉に話をしたところ、自分はずっと最後までこの家に住み続けたいといいます。しかも老後の面倒は義妹であるFさんの妻や甥姪に看てもらいたいとも。

それを聞いたFさんの妻は怒り心頭になったのです。**「自分たちは子どもに負担をかけないようにと考えているのに！ とても義姉の面倒など看られない！」「入院などすれば身内が保証人となり、何かあればその都度呼び出されるが、そんな役割は引き受けられない」**と。

買い取るので出てもらいたい

姉との共有だと思うとおりにならないので、姉が出した分を買い取って、姉に出てもらえないかと話をしたのですが、姉は**「ずっと住み続けたい」**の一点張り。受け入れてもらえそうにありません。

Ｆさん夫婦はほとほと困り果てて相談に来られたのです。

お金の問題ではない

姉は実家だからずっと住み続けたい、独身なので弟夫婦に面倒を看てもらいたい、という気持ちが強く、高く買い取るからというような提案では納得しないだろうと想像できます。

しかし、Ｆさんの妻の「義姉の面倒なんか看ない！」という意思も固く、これではうまくいくはずがありません。70代ではまだこれから20年前後の寿命もあり生活も続くと思われるのに、こうしたストレスを抱えたままではよくありません。

解決策はあるか？

姉が売らないというのであれば、弟が土地と自分の建物を貸して、住替えるという選択肢はあります。姉の相続人は弟のＦさんですから、姉が亡くなったときにはＦさんが相続することになります。**売却は先延ばしをして、自分たちが住替えて、自宅は賃貸して姉と距離を置くことで、感情的なトラブルは軽減**できます。

姉弟でも家族の形も違い、考えも違いますので、建物を共有したばかりに感情的な対立になりかねません。**個々に判断、決断ができるように、土地を分筆して、建物も別々にするべきでした。**二世帯住宅はメリットも大きいものの、デメリットもあり、慎重に考えないといけないということです。

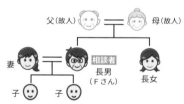

 相続実務士®からのアドバイス

できる対策

・一緒に売却ができなければ、賃貸して、住替える

注意ポイント

・きょうだいの共有名義はできるだけ避ける

生前のご相談… 【不動産】

自宅は賃貸。今後はどうする？ 購入？　現金で残す？

大企業から独立

　Hさん（60代男性）は、妻と子どもひとりの家族構成です。いままで広告関係の大企業に勤務してきて、主要なポジションに昇格、大きな仕事も任されてきたといいます。ある程度やり切ったと思ったことから、早期退職し、独立したのです。円満退社のうえ、かつての勤務先からも仕事の受注がもらえるようなコンサルタントとして、会社も安定しているということです。

病気になって考えた

　Hさんが退職、独立するきっかけになったのは、検診でガンが見つかったこともあります。幸い、早期発見でしたので、２カ月ほどの入院する間に、手術をし、ほどなく社会復帰できました。その間の仕事が自分が戦線離脱している間も問題なく動いていたのを実感したことも、また、ひとつの決断の材料だったようです。今後のことを考えると、自分のペースで進められるほうがよいという判断でもありました。

いつまで賃貸？

　まだ60代とはいうものの、ガンを経験したことからも、そろそろ自分の相続も考えないといけないと思い、相談に来られたのです。Hさんがいちばん迷っていたことは、自宅に関してでした。

　いまの住まいは社宅から個人契約にして住み慣れてはいるものの、賃貸物件です。この先もずっと家賃を払うことになりますが、果たしてそれでよいのかということでした。

　Hさんの財産は不動産の所有はなく、すべて現金と有価証券の金融資産で、基礎控除の4200万円ははるかに超えているため、相続税が課税されることがわかりました。

　また、このままではずっと家賃を払い続けることになります。同じところにずっと住み続けるのであれば、いままでの信頼関係もあり、問題ないかもしれませんが、あらたに借り換えする場合では、高齢になるほど借りにくくなります。

老後に備えて、不動産が必要

そこで、現金があるのであれば、自宅を購入することをオススメしました。人生100歳までの時代、まだ、15年、20年と自宅での生活が続きます。**自宅不動産を購入するだけで、評価は購入価格の半分以下に下がり、居住用の小規模宅地等の特例が使える**ようになります。現金のままよりは確実に節税になるだけでなく、老後の住まいの不安も解消できます。

戸建てか？　マンションか？

Hさんの現在の賃貸住宅は、一戸建てで、子どもが小学生になるときから15年ほど住んでいます。一人息子は来年から社会人になる予定で、夫婦2人暮らしになるかもしれないといいます。これから自宅を購入するには、いままでどおりの一戸建てがいいのか、マンションがいいのか、どちらでしょう？　という質問もありました。

60代の夫婦の住まいを考えると、これから庭の手入れなどはだんだん負担になり、老後は2階も使わなくなるのが一般的な状況です。となると、**駅に近い分譲マンションの優先順位が高いと判断されます。**その理由に、評価も下がり、節税効果が高いことも挙げられます。

財産が金融資産だけというのはシンプルで楽に思えますが、相続税の課税対象になり、特例も使えないことから、自宅だけでも不動産は持った方がよいと言えます。

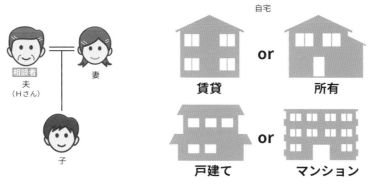

 相続実務士®からのアドバイス

できる対策
・現金で自宅を購入しておく
・節税対策になり、家賃が不要になる
・妻に生前贈与をすればさらに節税になる

注意ポイント
・自宅が賃貸では小規模宅地等の特例が使えず、節税できない

生前のご相談… 【対策】

海外預金に金の延べ棒。
使えない財産は価値を生むか？

夫婦で会社経営

Jさん（70代男性）は建築関係の会社に就職、経験を積んだのち、40代で独立しました。ちょうど景気がよい時期で仕事はいくらでもあり、会社の経営は順調だったといいます。奥さんも経理や事務の仕事を手伝い、夫婦で会社経営をしてきました。

子どもは娘が2人で、2人とも結婚をして、それぞれ孫にも恵まれています。

相続対策をしておきたい

Jさん夫婦はともに70代。仕事はいままでの取引先もあり、順調に経営できていますが、2人の娘は会社を継ぐつもりはないようです。いずれは従業員に引き継いでもらうつもりだと、Jさんはいいます。

会社の事業承継とともに、個人の相続対策をしておきたいと夫婦で相談に来られました。

海外預金がある

Jさんの財産の明細を確認すると海外に預金口座を持っているということです。日本の口座よりも利息がよくて相続対策にもなると仕事仲間から誘われて、15年前に香港と中国の深センにツアーで出かけて預金口座を開設しました。

HSBC香港に1000万円、中国の交通銀行に500万円を預けてあるといいます。最初はJさんの名義で口座開設したものの、相続のことを考えて、HSBC香港の口座は夫婦の共有口座にしました。

解約できない預金

Jさんはそろそろ相続のことも考え始めましたが、奥さんからは香港と中国の預金口座が不安だと言われています。奥さんはツアーには同行しませんでしたので、どこにある銀行かもわからず、どうしていいかもわからないのです。

Jさんは香港の口座は共有名義で、日本でも少しずつなら引き出しもできるし、そもそも中国の口座は簡単に解約できないようなので、そのままにしておくつもりだといいます。

相続するともっと大変

JさんがHSBC香港と中国の深センの口座を残したまま亡くなった場合、**相続では現地へ行って窓口で手続きするか、書類の郵送で手続きをする、いずれかの方法となりますが、現地では日本語がほぼ通じないため、手続きは簡単ではありません。**

金の延べ棒

Jさんは、金の現物も相続対策になると言われて、延べ棒を数本購入し、保有しています。金も財産として残せると思っていますが、奥さんは、不安だといいます。

金は相場次第で価値が上がることもあり、資産価値ももちろんありますが、相続対策とすれば節税の効果はないし、隠し財産にもなりません。

使える財産でないと意味がない

Jさんはこの機会にきちんと相続対策をしたいということで、相続プランの委託をされました。解約できない預金、隠せない金では財産として不安になるばかりです。

次世代へ託す財産を、残された家族が不安なく使えるようにしておく必要があります。

財産は残すだけのものではなく、活用も考えないと価値は半減します。財産は活用するものという発想に切り換えていただけるようなアドバイスを行いました。

 相続実務士®からのアドバイス

できる対策
・海外預金は手続が楽な国内預金に切り替えておく
・金は換金して使えるようにしておく

注意ポイント
・海外預金はたとえ利率がよかったとしても、解約ができない、解約ができても手間がかかるので要注意
・金は隠し通せる財産ではなく、税務調査の対象になるので要注意

実家は独身の弟がひとり住まい。
姉妹は売って分けたいのに！

母親が亡くなって1年半

　Kさん（50代女性）が相談に来られました。**母親が亡くなって1年半が経つのに、まだ遺産分割ができていない**といいます。両親はKさんが幼いころに離婚、母親が働きながらKさんをはじめ、弟、妹の3人を育ててくれました。

　幸い、祖父母の家に同居してきましたので、祖父から相続した30坪の自宅が母親の財産として残りました。Kさんと妹は結婚して実家を離れましたが、弟が独身のまま、ずっと母親と2人暮らしをしてきました。

1周忌が過ぎても遺産分割ができていない

　母親の1周忌も過ぎたころ、そろそろ財産の分け方を決めようときょうだいで話し合いをしたところ、弟が母親の預金はほとんど残っていないといいます。そうであれば、**唯一の財産である実家を売却して分けるしかないという話になり、おおむね3人ともその線での合意に至りました。**

　しかし、弟が「すぐには出られない」「売ったら住むところがなくなる」などと言い出したため、どうしたらいいかと相談に来られました。

手付金で引っ越し、自宅の解体もできる

　土地の相続評価は2400万円、建物は90万円と確認できました。**基礎控除は4800万円ですので相続税の申告は不要、相続税**もかかりません。

　母親の財産に預金がほとんどないということなら、自宅を売って分けることが妥当な選択肢となります。そのためには、弟の住み替えが必須となりますので、住むところを探して移ってもらう必要があります。

　一般的には、売買契約が成立した時点から引き渡しまでの1、2カ月の間に新しい住まいへと引っ越しするのですが、**契約した手付金で引っ越しや建物の解体費用が賄えるような契約**をします。

実務的には弟が相続し、姉妹には代償金

　自宅を売る場合、住んでいる人であれば居住用の特例で3000万円の控除が使えるため、3000万円以内で売却した場合には、譲渡所得税がかかりません。特例のメリットを生かすには自宅は弟名義にして、Kさんと妹には**弟が代償金を払うという遺産分割協議書を作成し、手続を進める**ことをオススメします。そうすることで税金を減らして手取りを多くすることができます。

　また、引っ越し費用は必要経費と考えた資金計画にすれば、弟の持ち出しもなく、弟の理解も得られやすいでしょう。

相続手続きは先延ばししない

　相続税の申告が不要の場合、相続手続となるのは財産の分け方を決めて、実際に財産を分けていくことですが、これについては期限がありません。けれども遺産分割を先延ばしするだけ、気持ちのズレが不満が生じやすくなり、うまくいかなくなります。相手には、合理的な説明をして納得してもらいましょう。

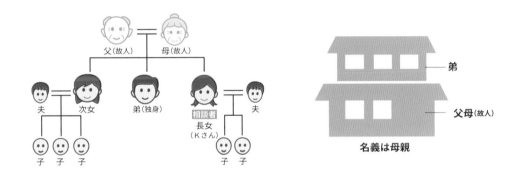

名義は母親

 相続実務士®からのアドバイス

できる対策

・早めに話し合いをして分割を決める

・等分に分けるには売却することで不公平感を解消する

注意ポイント

　期限がないだけにいつまでも決まらないこともあるため、期限を決めるなどして決断を促す。

相続後のご相談… 【分割】

１棟ビルは売却して分ける以外に出口なし。
生前に決断しないと悲惨

リサイクル業でビルを建てた

　父親（80代）を亡くして家族で遺産分割の話し合いをしているというMさん（40代男性）が兄、姉と一緒に相談に来られました。Mさんきょうだいの母親は25年前に亡くなり、ほどなく父親は再婚しました。Mさんは末子で、長男（50代）、長女（50代）、次女（40代）の兄姉がいます。

　父親が元気なころは１階でリサイクルショップを経営し、４階を自宅に、２階、３階はテナントに貸していました。現在は１階も貸して、３つのフロアから家賃収入が入ります。

　しかし、ビルの築年数が30年以上となり、修繕費用がかかるようになってきました。共用部分の清掃などは、ビルに住む父親と後妻がやってきましたが、父親亡き後、後妻だけでできるか、不安があります。

父親は遺言書を残さなかった

　父親の財産は約４億円。ほとんどがビルの土地と建物です。**相続税の申告が必要な財産であり、先妻の子ども４人と後妻という人間関係にもかかわらず、父親は遺言書を残しませんでした。**

　遺産分割協議をするべく、Mさんがいくつかの案を考えて、相続人で話し合いをしましたがまとまりません。どうすればいいかと私たちに相談に来られました。

後妻と養子縁組をしていない

　父親と後妻が結婚したとき、Mさんはまだ自宅で生活をしていたので、一緒に生活をした経験があります。しかし兄や姉はすでに成人しており、自宅から離れて生活していました。そんな状況で子どもたちは４人とも後妻と養子縁組はしていません。

　このままでは**後妻が父親の財産を相続したとしても、次の機会にMさんきょうだいは相続できない**ということになります。**次の相続を考えると、すぐにでも後妻とMさんきょうだいは養子縁組をするべき**だとアドバイスしました。

ビルの課題や介護の負担やストレスを減らせる

　今回の遺産分割の方法はいくつか想定できますが、相続人とビルの状態を考えると、一番問題が少ないのは、**「法定割合で相続し、ビルを売却してお金で分けてしまう方法」**です。

　ビルに住む後妻はこれからの生活を考えてケア付きの高齢者住宅に住み替えることで介護の負担やストレスが減らせます。

　実務的にはビルは後妻が相続し、売却した代金で代償金を払う形になります。それでも譲渡税がかかりますが、二次相続の相続税が減らせます。

きょうだい間だけでもまとまらない

　Mさんきょうだいはなんどか話し合いの場を持ったということで、いくつかの方法は想定されていました。後妻はビルに住み続けてMさんたちに遺贈するといいますが、長男、長女は早めにビルを売却し、分割してしまいたいという考え。次女とMさんは後妻に半分相続してもらい、子どもの権利も登記し、共有、家賃も分け合いたいと主張。きょうだいの間でも意見のすり合わせが難しく、先が思いやられる状況です。

　民事信託をしたほうがいいのか、任意後見は必要か、遺贈の遺言書も必要になる等々、いろいろな手続きが必要ですが、方針が決まらないようです。キーとなる後妻も頑ななところがあり、Mさんたちに任せるということはなく、明らかに温度差があるといいます。

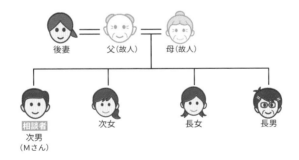

 相続実務士®からのアドバイス

できる対策

・ビルを売却して、被相続人で分ける

・後妻が相続。遺言書で先妻の子どもに遺贈する

注意ポイント

・1棟ビルの場合は、元気なうちに売却して住み替え、分けられるように準備しておくべき

・後妻の場合、先妻の子どもと意見が合わないケースが多いことに注意

相続後のご相談… 【不動産】

共有不動産をいつ売る？
「姉は"すぐにでも"VS
　妹は"5年先でも早いくらい"」

二世帯住宅に、妹が同居してきた

　80代の父親が亡くなり、Pさん（50代女性）が妹さんとおふたりで相談に来られました。

　自宅は両親が1階に住み、Pさん夫婦と子ども2人が2階に住む、という二世帯住宅でした。ところが母親が亡くなってしまい、1階は父親のひとり暮らしになりました。子どもたちは仕事の関係で実家を離れており、Pさん夫婦は共稼ぎでしたので大変です。

　そこで近くに住む専業主婦の妹なら父親の世話もできるので、妹夫婦は自分たちの家は子ども夫婦に住まわせ、Pさんの実家に引っ越して父親の面倒を看てくれたのです。

財産はどう分ける？

　妹夫婦のお陰で、父親は不安なく老後の生活ができ、Pさん夫婦もいままでのペースで生活が続けられる、当初はうまくバランスが取れていると思っていました。

　ところが、父親が亡くなってから妹と意見の相違が出てきたといいます。父親は遺言書を残さずに亡くなったので、姉妹で父親の財産の分け方について話し合って決めなければなりません。

　妹が父親の面倒を看てくれたことはありますが、**Pさんの考えは姉妹で等分に**、ということです。妹もそれについては異論がなく、**3000万円ほどの預金は解約して等分にすることですんなりと合意**が得られました。

　しかし、難しいのは**自宅の分け方**です。預金のように等分にしたいところですが、家はひとつなので、物理的に分けることができません。

不動産も等分にしたい

　現金は等分とすぐに決まりましたが、**不動産の相続の仕方はわからないという悩み**です。

　評価額は6000万円ほどで現金の約2倍、いずれかが不動産で、他方が現金という分け方ではアンバランスになります。

　結果的には不動産を売って等分にすることが現実的な選択肢でした。

共有不動産をいつ売る？　「姉は相続後すぐ VS 5年先でも早い妹」

　ところが、ここからの足並みが揃いません。Ｐさんは夫の定年を機会に庭の手入れがいらないマンションに住み替えたい、一方の妹はまだ実家に住み続けたい、と意見が対立します。Ｐさんはすぐにでも売って住み替えたいのに、妹は2、3年どころか5年先でも売却は早すぎる、といいます。売却するには2人の合意がないと進みませんし、引っ越しも伴うので、一方的に進めることもできません。

合意書を作る

　私たちが提案したのは、**遺産分割協議書を作成する際に、合意書も作成して、売却と遺産分割の期限を決めておくということ**です。

　本来は相続税の申告をもって財産を分けるのが一般的ですが、すぐに分けられない状況であれば約束事を書類にして、それを目安に進めていくという方法です。

　姉妹でルール作りをして分割することが必要でしょう。

　Ｐさん姉妹には、お二人の意見を尊重しながら、税金の特例が生かせる相続後3年を目安に売却されることをオススメしました。

　姉妹夫婦が実家に同居して親の面倒を看るのはすばらしい家族像ですが、いざ相続となると意見の食い違いが生じることがあります。**不動産は、相続人に分割できる形にしておくことがトラブル防止の原則**です。

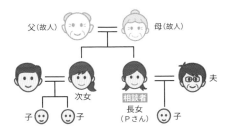

父(故人)　母(故人)

次女　　相談者 長女(Ｐさん)　夫

子　子　　子

　相続実務士®からのアドバイス

できる対策
・共有する場合はルールを決めて合意書を作成する
・生前に相続人で分割できるようにしておく

注意ポイント
・合意書の内容は必ず実行しないとトラブルになりかねない
・不動産を共有するとかかる費用も共同で負担することになる

同居したのに
小規模宅地等の特例が使えない！
生前に確認しておきたかった……

父親は自宅から介護付き老人ホームへ

Qさん（50代男性）は4人きょうだいの長男で、妹と2人の弟がいます。父親が今年の春に亡くなり、相談に来られました。母親は他界し、相続人は子ども4人となります。

母親が亡くなった後、父親はひとり暮らしをしていました。昨年、父親が骨折して入院してからはひとりで歩くことが困難となり、退院後は介護付き老人ホームに入所したため、**介護保険の手続きのために父親の住民票は老人ホームへ移しました。**

自宅の管理のために戻った

長男のQさんは賃貸生活。仕事の関係で転勤が続き、ずっと実家を離れて生活をしてきました。長男だからいずれ実家を継ぐかもしれないという気持ちもあり、自宅も購入してきませんでした。

妹と弟たちはそれぞれに結婚し、妻子があり、自分たちで自宅も購入しています。きょうだいで家を持たないのはQさんだけでしたので、**父親が老人ホームに移ったのを機に、一家で実家に引っ越し**しました。

2年後に父親が亡くなったが……

自宅を所有しないQさんが父親の家に移れば、居住用の小規模宅地等の特例が使えると考え、妹や弟にも自分が実家に入ることで、相続税がかからなくなると説明していました。

Qさんたちきょうだいは、父親の家に住むことが同居となり、特例が使えるはずと認識していました。ところが、父親の住民票は、2年前に老人ホームへと移転されており、いままでの家は父親の自宅ではなくなったのです。当然、父親の部屋も荷物もそのままですが、父親は自宅に帰って生活できる状態ではなく、住民票もないとなると、父親の自宅はすでに老人ホームとなってしまうのです。

小規模宅地等の特例が使えない

父親の自宅の土地評価は7000万円。建物や預貯金などを合わせると約1億円となります。基礎控除5400万円を引いた残り、4600万円に課税されます。税率は15%で相続税は490万円となります。**仮に小規模宅地等の特例が使えれば7000万円の80%が減額できるため、相続税**はかかりません。

また自宅の1階は父親が工場として使っていましたが、それも廃業して未使用のままでした。**仮に賃貸していれば、貸付用の小規模宅地等の減額が使えるため、相続税を減額できる要素**がありました。

生前に確認しておきたいこと

相続では小規模宅地等の特例を使えば相続税がかからないと思っている方が多いようです。特例適用の有無によって、Qさんごきょうだいのように500万円近い相続税がかかるのと、かからないのでは大きな違いです。

小規模宅地等の特例は要件が厳しくなっていることもあり、生前に専門家に確認しておかないと失敗することもあります。また自宅の特例が使えない場合は、貸付用の特例を使えるようにしておくことで税金の負担が減ることもあります。

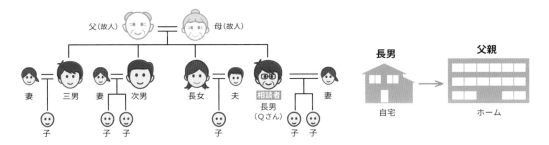

 相続実務士®からのアドバイス

できる対策

・父親が自宅に住み続けていれば小規模宅地等の特例が使える

・自宅に住んでいる相続人が売却することと3000万円控除の特例が使える

注意ポイント

・自宅を売却して相続人で分ける場合は、住んでいる相続人名義にすると譲渡所得税が安くなる

・他の相続人には売却代金を分けると遺産分割協議書に明記する

隣に住むのは同居ではない！
小規模宅地等の特例が使えない理不尽

実家の敷地に家を建てた

Ｒさん（60代女性）は、３姉妹の長女です。90代の母親が亡くなったと相談に来られました。母親の財産は自宅の土地8000万円、建物100万円で財産の８割にあたります。残る現金は約2000万円でした。

Ｒさんには夫と２人の息子があり、母親の家の隣に夫名義で家を建てて住んでいます。結婚当初は実家から離れて夫婦で生活していましたが、子どもが生まれたときに、父親が隣に家を建てたらどうかと言ってくれたのです。

父親が15年前に亡くなり、母親はひとり暮らしになりましたが、すぐ隣にＲさん家族の家があり、行き来できたので、何の不安もない生活だったといいます。母親が90代になり、いよいよ動きにくくなったときは、Ｒさんや夫が泊まり込んで母親の介護をしてきました。そのため、母親はずっと自宅での生活ができていたのです。

自宅はＲさんにと遺言書

父親が亡くなったときに母親は、父親から自宅を相続しています。**配偶者の特例を生かして相続税がかからない**というメリットがありますので、それを生かすことにしました。

母親は隣に住むＲさん夫婦がずっと面倒を看てくれたと感謝しており、**公正証書の遺言書を作成**してくれています。**自宅はＲさんに、現金は妹２人で分ける**ように、という内容です。

Ｒさんと妹たちは仲もよく、普段からＲさん夫婦がよく面倒を看てくれていることがわかっていたので、遺言書のとおりで不服はないと言っています。

泊まり込んで介護は同居になる？

問題は相続税です。同居していれば小規模宅地等の特例が使えるので自宅土地は20%の1600万円の評価となり、他の財産と合わせても3700万円で相続税はゼロとなります。

しかし、隣の家に住み、介護のために泊まり込んでいたのが同居とみなされるか？　という不安から相談に来られました。

同居にならず、小規模宅地等の特例が使えない

　Rさん夫婦は泊まり込んで介護してきたのは同居に相当する、という認識でしたが、**税務的には同じ建物に住んでいないと同居とはみなされません。**しかも隣の建物はRさんの夫名義で、母親の建物ではありません。

　こうした場合は、小規模宅地等の特例は適用されず、相続税を支払うことになります。
相続税は644.7万円、全体の8割を相続するRさんは515.7万円の相続税となります。

> **計算式**　（10100万円 － 4800万円 ）÷ 3人 ＝ 1766万円
> 　　　　　1766万円 × 15％ － 50万円 ＝ 214.9万円 × 3人 ＝ **644.7万円**

生前であれば方法はあった

　小規模宅地等の特例を使うためには、夫の家を子どもに贈与して、夫婦でお母さんの家に同居すれば何ら問題はなく、同居として小規模宅地等の特例が使えます。**計画的に節税しようとするならば、生前の準備が必要**でした。

　Rさんご夫婦は泊まり込みで介護もしているので同居が認められるとばかり思っていた、と残念がっておられましたが、いまから事実は変えられません。**二次相続の対策**をいまから取るようにオススメしました。

　自分たちの誤った思い込みで節税のチャンスを逸するのはとても残念です。なるべく早いうちに家族で相続対策のプランを立てるようにすれば、節税も可能となり、もめる要素も減らせますので、相続の専門家に相談してみましょう。

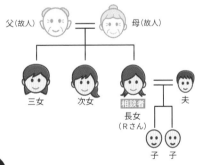

同居ではない

母親の家　　Rさん夫の家

土地：母親

 相続実務士®からのアドバイス

できる対策

・親の家に二世帯住宅で同居することが望ましい

・小規模宅地等の特例を使うためにも、自宅に同居する相続人となる

注意ポイント

・親の敷地に子どもの家を建てると別世帯になり、小規模宅地等の特例が使えない

相続後のご相談… 【介護】

介護した嫁の貢献は考慮されず？

同居して、義父母を自宅で看取った

Tさん（60代女性）は長男と結婚したので、ずっと義父母と同居してきました。

同居していた家が古くなり、子どもたちの学校のこともあったので、10分ほど離れたところに土地を購入して二世帯住宅を建てることになりました。**Tさん夫婦はローンを組み、義父と夫婦で3分の1ずつ費用を負担し、土地・建物も3分の1ずつの登記**をしました。

義母が他界してほどなくして義父も亡くなりましたが、**Tさんは仕事をしながら、義父母の面倒を最期まで自宅で看た**といいます。夫のきょうだいは姉と妹、弟がいますが、3人とも結婚して家を離れていたので、介護にはほとんど協力が得られなかったのでした。

相続から5年が経ち……

義母の財産は預金のみでしたので、義父が全額を相続しました。義父の財産は自宅3分の1と以前に住んでいた家の2カ所、預貯金はわずかでした。亡くなったのは相続税法が改正される前でしたので基礎控除は8000万円。その範囲内の財産だったので、相続税の申告は不要でした。

また、義父は遺言書を残さなかったこともあり、**本来であればその時点できょうだいの話し合いとなりますが、夫は仕事の忙しさもあってそのまま放置し、義父が亡くなって5年が過ぎて**しまいました。

姉が仕切って財産は4等分？

5年も経ってしまい、そろそろ相続の手続きをしなくてはという雰囲気になり、きょうだいで話し合いをしたところ、姉の提案は財産は4等分にするという内容でした。同居して義父母の面倒を看てきたTさんへの感謝の言葉はありません。そればかりか**同居して貢献してきたこともまったく評価されず、財産は4等分だ**というのです。

自宅の土地、建物を夫が相続すれば、財産のほぼ4分の1に相当し、ちょうどいいといいます。そして姉妹弟は空家の家を売却し、預貯金と合わせて3等分すればバランスがとれます。相続税はかかりませんが、夫が預金をもらえない上に、Tさんに分けようとする

気持ちは、さらさらきょうだいにはないようで、割り切れない気持ちだといいます。

貢献した分も考慮した提案を

具体的にどうすればいいか、仕事が忙しい夫に代わってTさんが相談に来られました。夫は、もとの自宅も自分が相続して残しておきたい、と思っているようです。**土地の評価の仕方は「路線価」と「時価」の2種類があり、どちらで決めてもきょうだいの合意が得られれば問題はありません。その際にぴったり4等分ではなく、Tさんの貢献を考慮した分け方を提案してはどうかとアドバイス**しました。

不動産は2カ所とも夫が相続し、3人には代償金を払うことになりますが、夫の負担が大きいため、路線価基準の切りのいい金額で合意をもらってはどうかということです。しかし、**口頭で説明し、理解を得るのは簡単ではありません。**

そこでTさんは**合理的で専門的にも間違いのない内容の提案書にしたいと考え、プロである私たちに提案書の作成を依頼**されました。Tさんも少し気持ちが楽になったと言い残して帰られました。

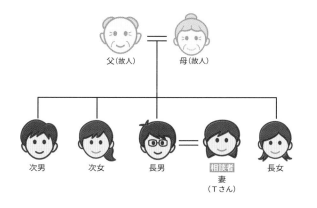

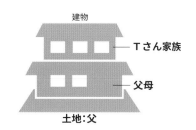

建物

Tさん家族

父母

土地：父

$$父：夫：Tさん＝\frac{1}{3}：\frac{1}{3}：\frac{1}{3}$$

 相続実務士®からのアドバイス

できる対策
・介護の「寄与分」は、他の相続人からはなかなか認めてもらえないのが実情。相続人としては、遺言書で内容を決めておく
・事実を時系列でまとめた資料やメモを資料として用意しておく

注意ポイント
・遺産分割の話し合いには財産評価と全員の合意が得られる分割案を用意すると進めやすい
・相続の専門家の資料を参考として用意する

4章

相続相談から解決できた実例

感情面の困りごと
経済面の困りごと

３章に続き、生前、相続後の10の実例を
ご紹介します。感情面と経済面、それぞ
れの課題について、相続実務士®がどの
ような解決策を提案したのか、具体的な
実務について触れます。

感情面の困りごと… 生前 **子どもなし**

夫婦に子どもなし。亡くなった後の ことを託しておきたいと決断

ご家族の状況

依頼者	**Kさん**（男性70代）
職業	**アルバイト**
家族関係	**夫**（本人）、**妻**（60代）、**子どもなし、夫婦ともにきょうだいあり**
財産の内容	**自宅、貸宅地、賃貸マンション、預貯金**

夫婦の財産
1億円台

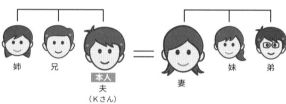

姉　兄　本人 夫（Kさん）＝妻　妹　弟

相続対策の主なテーマ　遺言書　見守り　任意後見　死後事務委任

相続相談の内容

現状 **夫婦2人暮らし**

　Kさん（男性70代）は、30代で結婚し、堅実な共稼ぎ生活を続けながら、共有名義で家を購入していました。勤めていた会社は65歳で定年となり、いまは関連企業でアルバイトとして働いています。同年代の妻も看護関係の仕事をリタイアし、いまは趣味のサークルに通う日々を送っています。

　家のローンも完済し、いまは悠々自適の生活。2人とも浪費家タイプではなく、大きな買い物や高価な食事も控え、ましてギャンブルなどに興ずることもありません。財産としては、自宅の他に貸宅地やマンション、預貯金と、夫婦合わせると1億5000万円ほどあります。

課題① 子どもがいないので、財産はすべて配偶者に渡したい

　Kさん夫婦は子どもに恵まれませんでした。子どもがいない場合、相続人は配偶者と亡くなった人のきょうだいになります。Kさんには兄と姉が、妻には妹と弟がいて、それぞれの相続のときには互いのきょうだいが相続人になります。

　きょうだい仲が悪いわけではありませんが、親しく行き来しているわけでもありません。また親の財産をもらったわけでもなく、夫婦でずっと定年まで働いて残した財産ですので、どちらかが亡くなった場合には、残された配偶者にすべてを相続させたい、というのが2人の気持ちでした。

　自分の全財産を配偶者に相続させるためには、遺言書で指定しておく必要があります。 Kさん夫婦はすでに配偶者への全財産相続に関する遺言書を作っています。この**遺言書があれば、互いのきょうだいに財産を分ける必要はありません。**きょうだいには遺留分の請求権がないため、トラブルになることもないと言えます。

課題② 2人とも亡くなった後が不安

　遺言書があるとはいえ、加齢とともに相続がだんだん身近に感じられるようになってきたKさんが相談に来られました。**どちらが先に亡くなるかわかりませんが、残された片方が認知症になるかもしれない、さらには2人が亡くなった後はどうなるのか？**　ということが不安になってきたといいます。

　財産をきょうだいに分ける予定はないので、最期まできょうだいや甥姪には迷惑をかけたくないというのです。財産は老人ホームに入るなどの資金として使い、残ればどこかに寄付したいといいます。

 このままだと困ること

- 遺言書がないと互いのきょうだいにも協力してもらわないといけない
- 自分の意思が生かせない
- ひとり暮らしになった時の認知症が不安

相続実務士®からの提案

専門家に依頼すれば安心。具体的にはどんなことか？

　ご夫婦のどちらかが亡くなったときには、遺言書に従って財産の相続は可能です。

　その後、認知症などでひとり暮らしが難しくなったときの見極めや財産管理などの判断については、専門家に委託することをオススメしました。元気なうちに専門家に相談し、依頼することで老後の不安は解消されます。Kさんご夫婦からは、ご相談の結果、以下のご依頼をいただきました。

実務の内容　**①遺言書** 作成、証人、遺言執行者依頼　**②見守りサービス**　**③任意後見契約**　**④死後事務委任契約**

頼るべき専門家。具体的にはどんなことを？

相続実務士	相談対応、課題の整理、具体的な対策の提案、専門家選任、遺産分割案の提案等コーディネート、遺言書証人業務
司法書士	遺言書証人業務、見守りサービス、任意後見契約、死後事務委任契約

最初の相続で共有。
あとから分けるには税金がかかる！

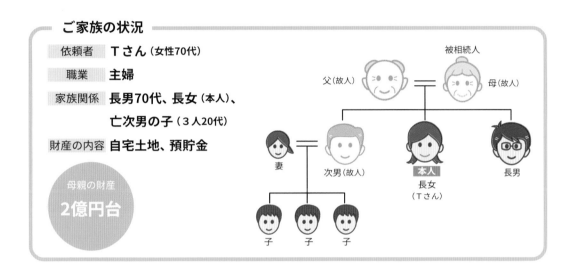

ご家族の状況

依頼者	Tさん（女性70代）
職業	主婦
家族関係	長男70代、長女（本人）、亡次男の子（3人20代）
財産の内容	自宅土地、預貯金

母親の財産
2億円台

相続対策の主なテーマ　遺産分割　相続税申告　測量・分筆　共有物分割　不動産登記

相続相談の内容

現状　父親の相続で計4人が共有

　Tさん（女性70代）は母親が亡くなり、兄と亡弟の子らとで相続の手続きをすることになりました。父親が亡くなった10年前に、自宅の敷地を母親と子ども3人で共有しており、今回は、手続きが複雑だからと相談に来られました。

　母親と次男家族が住む家が角地にあり、約80坪。真ん中に長女（本人）の娘家族が住む家があり、約50坪、左角には長男家族が住む家があり、約50坪。これらが、母親と3家族が住む土地です。

　それぞれの利用に応じてブロック塀で区切ってありますが、土地の登記簿は、180坪のひとつの土地のままで、全体が4人の共有になっています。

課題① 相続手続きだけでは終わらない

　母親の財産は自宅の土地の半分と預金で、相続税の申告が必要です。母親と同居していた亡次男の子どもたちが、母親の自宅部分を相続すれば小規模宅地等の特例が適用できます。そうすると相続税は700万円程度となり、残された預金から払うことができるので、納税の心配はありません。

　問題は、母親の相続手続きを終えたとしても、**土地が一筆で全体の共有となっているため、それだけでは終わらない**ということです。

　長男が住む家の土地に、亡次男の子どもたちと長女の名義が登記されることになりますし、そもそも、利用に合わせて分けられていないため、全体が共有財産のままで、自由にすることができません。

課題② 共有を解消しないと価値半減

　そこで相続手続きと合わせて、それぞれの利用に合わせて、亡次男の子どもたちが80坪、長男が50坪、長女が50坪に分ける必要があります。**まずは相続し、それぞれの利用に合わせて土地を分筆し、さらに共有を解消するように等価交換して名義を寄せていく手続き**をしないといけません。

　父親が亡くなったとき、すでに現状の利用をしていたのですから、本来は分筆して、母親とそれぞれの子どもが共有する形で相続税を軽減し、二次相続で母親の名義を、それぞれが入り組まない形で相続しておくべきでした。

課題③ 余分な費用がかかる

　ところが、分筆せずに、全体を共有していたばかりに、共有解消の等価交換が必要となり、分筆、交換登記に余分な費用がかかることになってしまいました。**ほぼ等価で交換できることで、交換差益の譲渡税はかかりません**が、登記費用が200万円以上も余分にかかり、他に測量、分筆などの費用もかかります。

 このままだと困ること

- 自宅の土地がきょうだいの共有のままになる
- 共有の土地は全員の合意がないと売れない
- 自分の意思だけでは何もできない

相続実務士®からの提案

共有名義の解消

　共有名義となっている土地を利用現況に合わせて分筆し、それぞれが単独名義になるように交換する手続きをします。測量、分筆、交換の手続きが必要で、きょうだい間の売買ではありますが、税金がかからないよう、等価交換します。

　また、亡くなった母親名義については、それぞれの利用分に合わせて割合を算出し、**遺産分割協議をしますが、相続分と共有分があり、かなり複雑な計算が必要**です。

　一次相続で分筆し、二次相続の伏線となる親子間の共有だけにしておけば、余計な費用もかからずに済んだはずです。**最初の見極めに相続の専門家のアドバイスが不可欠だった**と言えます。きょうだいの共有解消は先送りしないで、手続きを進めることをオススメしています。

 実務の内容　①相続税申告コーディネート、遺産分割
②相続税申告　③測量

頼るべき専門家。具体的にはどんなことを？

相続実務士	相談対応、課題の整理、具体的な対策の提案、専門家選任、遺言書の証人業務
税理士	相続税の申告書作成・提出
司法書士	遺産分割協議書作成、不動産の相続登記
土地家屋調査士	土地の測量・交換、分筆登記

感情面の困りごと… 相続後 主張

姉のひとり勝ちは許さない。
遺産分割につき、個々の主張が違う！

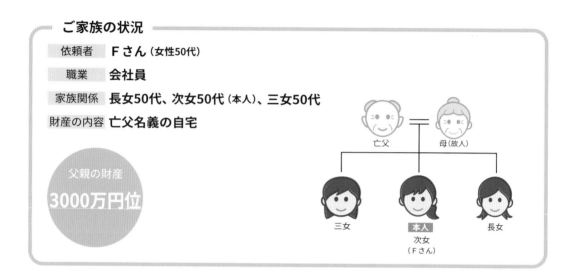

ご家族の状況

依頼者	Fさん（女性50代）
職業	会社員
家族関係	長女50代、次女50代（本人）、三女50代
財産の内容	亡父名義の自宅

父親の財産
3000万円位

亡父 ── 母（故人）

三女　本人 次女（Fさん）　長女

🔍 相続対策の主なテーマ　遺産分割　不動産売却

相続相談の内容

現状 **10年もの間、父親の相続の分割が終わっていない**

　姉妹で相談に来られたFさんと妹さん。**父親が亡くなって10年以上経ちますが、独身の姉が実家に住んだまま、相続の手続きが終わっていません。**

　母親が先に亡くなり、その後、同居する姉が父親の面倒をずっと看てくれていたので、嫁いだ2人は姉に対してとても感謝していましたが、最近はその気持ちが少しずつ希薄になってきました。自分たちにも相続を受ける権利があるのに、姉のひとり勝ちでは納得いかないといいます。

　父親の一周忌や三回忌で顔を合わせたあと、Fさんも妹も実家に行くことが減り、姉とはほとんど会うことがなくなってしまいました。

課題

課題① 夫の病気、失業で自分たちの生活も大変

「独身の姉が財産分与しないなら、私や妹がひとりになったとき、また夫に何かあったときに財産分与に代わる経済的援助を約束してくれるでしょうか？」とＦさん。

Ｆさんの夫は、２年前に脳梗塞で倒れ、今後も継続的な治療が必要な状態です。

妹さんの夫は、昨年、失業の危機がありました。

課題② ずっと住んでいたからもらえるわけではない

父親の葬儀のあと、姉から相続の話があるかと２人は期待していました。しかし、姉からの話がないため、思い切って切り出してみると、自分を家から追い出すつもりなのかと姉が激怒し、冷静な話ができない状態になりました。

ずっと家に住んで、父親の面倒を看てきた自分が妹たちに追い出されるのは理不尽に過ぎる、と姉は言っていたようです。

そもそも家は父親の財産。ずっと住んできたからというだけで、すべての財産を相続する理由になりません。調停に持ち込んでも同居の寄与分は認めてもらいにくく、法定割合で分割する以外にないことを姉に説明し、納得してもらうしかありません。

課題③ 住んでいる人が売ると税金は安くなる、引っ越し費用は売ったお金で

父親名義の家を売るためには、相続人に名義変更します。**「遺産分割協議書」を作成し、相続の仕方を決めて、３人で署名、実印押印をして法務局に提出**します。

相続人が３人なので、不動産も３人が相続するという方法が思い浮かぶかと思いますが、そうした**共有名義にすると、不利益なこと**が生じます。

今回、相続税はかかりませんが、売れば譲渡税がかかります。

しかし、住んでいる人が売ると**「居住用財産の3000万円控除の特例」**があり、売却価格の3000万円までは課税されません。ところが住んでいない妹２人には特例が適用されませんので、20％の税金（譲渡税14％、住民税６％）を払わなければなりません。

 このままだと困ること

- 実家は姉がひとり占めしたまま
- 妹２人の相続のメリットがない
- 実家の建物が老朽化して維持費がかかる

相続相談から解決できた実例

相続実務士®からの提案

税金を払わなくてもすむ分け方、相続財産だからこそその特典を

　相続財産の場合、財産をどなたかが代表で相続し、他の相続人にはお金で分けるという方法が取れます。今回がまさにその事例で、自宅に住む姉が家を相続し、妹2人にお金を払うのですが、お金がないため、相続した家を売却して払うことになります。

　この場合、**姉1人が家を相続するため、家を売るのも姉で、居住用の特例が使えます。**売却価格は2000万円と想定されますので、普通なら400万円近い税金がかかりますが、特例を使えば税金がかからずに、まるまる2000万円が手元に残ります。

　引っ越し費用、仲介手数料、測量費用、荷物撤去費用などを差し引くと残りは1800万円となり、これを3人で分けることになります。

　こうした遺産相続の有利な処分方法があることを3人に説明し、理解も得て、解決のお手伝いをすることができました。

　現在は、財産を等分に分ける時代です。同居していたから、面倒を看たからという理由だけでは他の相続人の合意がない限り、法定以上の相続はできません。

　父親の家を売って、姉は住み替え、残りを3等分にして分けることで、それぞれが父親の財産を活用し、かけがえのない姉妹の縁もつなぐことができます。

 実務の内容　**①遺産分割**　**②相続登記**　**③売却**

頼るべき専門家。具体的にはどんなことを？

相続実務士	相談対応、課題の整理、具体的な対策の提案、専門家選任、遺産分割協議の提案・コーディネート、不動産の売却サポート
司法書士	不動産名義変え、相続登記、売却・購入の登記
宅地建物取引士	不動産の売却の仲介
土地家屋調査士	土地の測量

感情面の困りごと… 相続後 不仲・遺産分割未了

空白の13年は封印。
傷を最小限にできることを優先

ご家族の状況

依頼者	**Sさん**（男性60代）
職業	**会社員**
家族関係	**長男**（本人）、**次男**（50代）、**長女**（50代）
財産の内容	**自宅**

父親の財産
1億円位

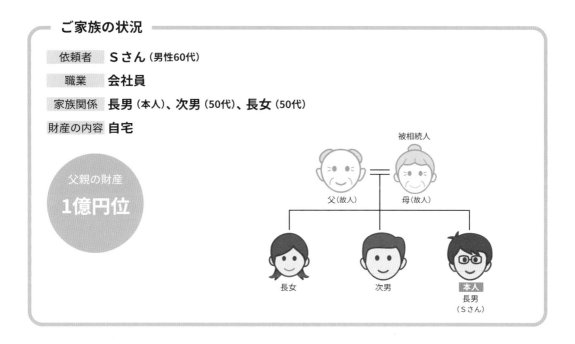

被相続人

父（故人）　母（故人）

長女　　次男　　**本人**
　　　　　　　　長男
　　　　　　　（Sさん）

🔍 **相続対策の主なテーマ** 　遺産分割 　売却

相続相談の内容

（現状） **父親と母親ともに遺産分割ができていない**

　父親が13年前に、そして母親が昨年亡くなったが、両親の相続手続きが全くできていないということで、相談に来られました。Sさんは長男で、弟と妹がいます。両親とは誰も同居しないで、父親の死後、母親は80代半ばまでひとり暮らしをしていました。その後、しばらくは介護施設で生活し、昨年亡くなったのでした。

　両親ともに相続税がかかる財産ではないため相続税はかからなかったのですが、遺産分割の話し合いが進まない理由がありました。

課題

課題① 金融資産が減っている

　父親が亡くなった時、相続税の基礎控除は9000万円でした。母親と共有の自宅と金融資産がありましたが、基礎控除の範囲内におさまっていたようで、遺産分割協議もせずに13年が経ちました。

　きょうだい間で遺産分割協議をはじめられなかった理由があったのです。父親が、介護施設に入るようになった頃、預金の管理を妹に任せた時期がありました。

　仕事が忙しいＳさんや弟よりも、妹のほうが適任と思ったからですが、入出金の報告を怠ることが続き、不審に思ったＳさんは通帳を取り上げて、自分が管理をするようになりました。通帳をみると多額の現金が引き出されており、問い詰めても妹からは返事もないため、実家への出入り禁止を言い渡しました。

課題② きょうだいだけでは話ができない

　妹とは溝ができ、妹に同調した弟とも疎遠になってしまい、13年が経過したのです。母親の他界を機に、いよいよ父親も含めた相続の手続きをしてしまいたいと考えていますが、弟、妹とは円満な話ができそうにもないといいます。

課題③ 過去にとらわれていたら進まない

　Ｓさんは、妹が引き出したと思われる預金について、本人から正直に話してもらったうえで、相続手続きに入りたいといいます。しかし、妹にも言い分があるでしょうから、いまさら過去のことを追及するのが得策とは言えません。

 このままだと困ること

- 実家が空家で維持が大変
- 両親の相続手続きが終わらないと財産としての価値は生まれない
- 実家を共有するメリットもない

相続実務士®からの提案

共有名義の解消

　全員が、いま残っている財産の遺産分割協議を進めようという気持ちで意思統一できれば、当社もサポートしますと伝えました。

　２カ月後、Ｓさんが再び来られて、残っている財産を３等分することで弟、妹の了解が得られたのでサポートをお願いします、と言われました。

　空家の自宅を処分し、母親の預金を解約する、費用や税金の残りを３等分することで全員が合意し、別々に遺産分割協議書の調印もできました。

　これから自宅を売却、換金して、３人に等分に分ける実務に入ります。

　13年間の溝は簡単には埋められませんが、すべてを明らかにするための調停で疲弊するよりは、前向きな選択肢だとオススメしました。

　家庭裁判所の調停で過去のことが明らかになるとは限らないのです。傷を広げるよりは、早く終わらせてしまうことを優先しました。

 実務の内容　①遺産分割　②相続登記　③売却

頼るべき専門家。具体的にはどんなことを？

相続実務士	相談対応、課題の整理、具体的な対策の提案、専門家選任 遺産分割協議の提案・コーディネート、不動産の売却
司法書士	不動産の相続登記、売却の登記
宅地建物取引士	不動産の売却の仲介
土地家屋調査士	土地の測量

経済面の困りごと… 　生前　底地

借地人が居住している土地がある

ご家族の状況

依頼者	Yさん（男性80代）
職業	不動産賃貸業
家族関係	親（本人）、長女（50代）、次女（50代）、亡三女の子2人（20代）
財産の内容	自宅、貸宅地、預貯金

Yさんの財産
2億円程

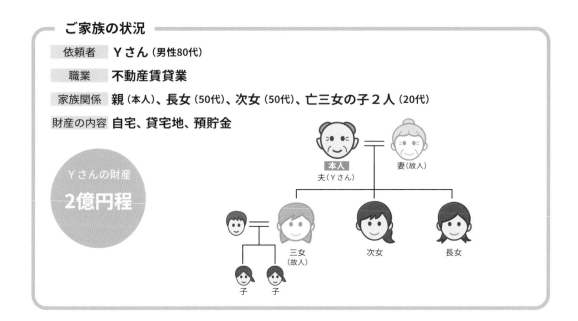

本人
夫（Yさん）

妻（故人）

三女
（故人）

次女

長女

子　　子

 相続対策の主なテーマ　　交換　　資産組み替え

相続相談の内容

現状) 妻が昨年、他界

　Yさん（男性80代）は、昨年、長年連れ添った妻を亡くしました。娘は3人とも結婚して家を出ていますので、妻と2人暮らしをしてきましたが、元気だった妻が突然亡くなるという想定外のことになりました。

　娘たちはそれぞれの配偶者の家に住んでいますので、いまから同居して世話をかけるよりも、ケア付きの高齢者賃貸住宅に移った方が安心と考えて、自宅を処分して転居したといいます。妻の突然の死去もあり、自分自身の相続のことも考えておきたいと相談に来られました。

課題

課題① 配偶者の特例が使えない

　Ｙさんよりも妻が先に亡くなってしまいましたので、**「財産の半分まで、あるいは1億6000万円までの相続なら納税は不要」**という相続税の配偶者控除は使えません。

課題② 所有する自宅がない

　Ｙさんはひとり暮らしになったことから自宅を処分して高齢者賃貸住宅に転居されていますので、自宅不動産は所有していません。**自宅を所有していれば、同居する子どもや家を所有しない子どもが自宅を相続する場合、小規模宅地等の特例を適用することもできますが、その対象となる自宅がないという状況**です。

課題③ 貸宅地があるがそのままでは不安

　Ｙさんは親から相続した貸宅地を所有しており、借地人から毎月地代を受け取っています。200坪の土地を、半分は事務所と社員寮を建てている法人に貸しており、あとは50坪ずつの自宅を建てている法人の役員２人に貸しています。

　親の代からの貸宅地で、借地人は50年以上も借りていますので、Ｙさんの土地といえども所有する権利だけで、使用することはできません。借地権は60%、底地権となるＹさんの権利は40%です。

　地代は入ってきますが、このままでいいのか不安があるといいます。

課題④ 代襲相続人（亡三女の子）がいる

　Ｙさんの三女は40代で亡くなっており、その子２人が代襲相続人となります。娘たちと孫との間にトラブルはありませんが、Ｙさんの相続を迎えたときに、果たして円満に納まるかどうかはわかりません。

 このままだと困ること

- ●相続する子どもの相続税の負担が大きい
- ●底地だと地代は入るが自分で使用することはできない
- ●親の代からの貸宅地で周辺相場に比べて地代が安い
- ●子どもに相続させるには今後の契約更新など荷が重い
- ●娘たちと孫との間に温度差が生じかねず、遺産分割対策が必要

相続実務士®からの提案

等価交換

　Ｙさんの財産で課題となるのは「貸宅地」です。地代の入る賃貸物件ですが、自分で使える自由度はありません。また地代の交渉や契約更新などは、子どもや孫にとっては難題となります。また、賃借人それぞれの地代も異なるため、分け方も簡単ではありません。

　私たちは、借地人に働きかけ、**それぞれが所有権を持つように等価交換する**ことを提案しました。Ｙさんは子どもたちとも相談して、等価交換することを決断しました。

　借地人に働きかけると合意が得られて、200坪の貸宅地から80坪の所有権のある土地に交換が成立しました。

土地の売却、資産組み替え

　80坪の土地には古い社宅が建っていますが、築年数が経っていてすでに空家となっています。建物を壊して建て替えることも節税対策にはなりますが、建築費を借り入れしなくてはならないことや、土地が狭くなって4人の相続人に分けにくいうえに、1棟の建物を建ててしまうとさらに分けられなくなる、という問題があります。

　そこで**土地を売却して、売却代金で子どもたちに分けやすい区分マンションの購入を提案**しました。

 実務の内容　**①オーダーメード相続プラン**の作成・提案

②等価交換契約　　**③交換登記**　　**④測量、境界確定**

⑤土地売却　　**⑥区分マンション購入**

頼るべき専門家。具体的にはどんなことを？

相続実務士	相談対応、課題の整理、具体的な対策の提案、専門家選任、相続プランの提案・サポート、等価交換の立案・サポート
宅地建物取引士	土地売却、区分マンション購入の仲介
司法書士	交換登記、売却・購入の登記
土地家屋調査士	測量、境界確定

相続税がかかって申告が必要になり、自宅の他にも不動産がある

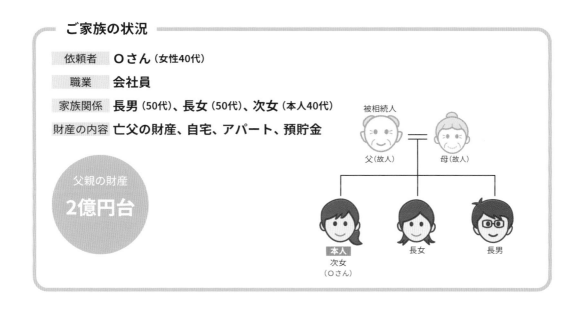

ご家族の状況

依頼者	Oさん（女性40代）
職業	会社員
家族関係	長男（50代）、長女（50代）、次女（本人40代）
財産の内容	亡父の財産、自宅、アパート、預貯金

父親の財産
2億円台

被相続人
父（故人）　母（故人）

本人
次女
（Oさん）　長女　長男

🔍 相続対策の主なテーマ　売却

相続相談の内容

（現状）　**父が亡くなるも、遺言書がない**

　Oさんの父親が亡くなり、相談に来られました。**遺言書がないため、兄、姉とOさんの3人で話し合いをして財産の分け方を決めなくてはいけません。**どのようにすれば公平な遺産分割になるのか、というのがご相談の内容でした。

　父親の財産は、自宅と古いアパートと金融資産です。自宅は長男家族が同居しており、母親が亡くなったときに長男が相続しています。姉は自宅を建てるときに父親から現金の贈与を受けていて、土地は父親名義です。

　一番の下のOさんは父親の生前にも、母親の相続のときももらった財産はないため、今回は後悔したくないという気持ちだといいます。

課題

課題① 実家は兄が同居

　実家は兄家族が両親と同居しており、母親が亡くなったときには、母親の持ち分は兄が相続したので、現在の名義は父親が2分の1、兄が2分の1という割合になっています。

課題② 姉は生前贈与を受けていた

　姉家族が住む家は、父親から2500万円の贈与を受けていました。特例を利用すれば贈与税は払わなくてもすみますが、代わりに相続のときに加算して相続税を払うようになります。この件についてはすでに税務署に申告しています。

課題③ 古アパートをどうする

　アパートは、築40年を経過しており、6世帯のうち半分しか入居者が入っていません。しかし、土地の評価が高く、財産の半分程度の割合となっています。

課題④ 分け方が難しい

　兄が住む家は評価が約4500万円、姉が住む家は2000万円と贈与2500万円。現金は500万円、保険2000万円。アパートが5000万円。これをきょうだいで分けるか課題でした。

 このままだと困ること

- 兄がすでに名義の半分をもっており、残り半分の父親名義も兄が相続することが妥当。姉やOさんが共有するとトラブルのもとになる
- 姉が贈与を受けた2500万円について。現金をもらうわけではない金額に相続税が課税される
- アパートを維持するための費用。多額のリフォーム代がかかるかもしれない。
- Oさんが、アパートをもらえば済むか……。しかし、兄と姉の納税やバランスを考えるとそうもできない。共有にするとトラブルのもとに
- 遺言書がないために遺産分割協議がまとまらない可能性がある。調停を始めてしまうと間違いなく時間切れになる

相続実務士®からの提案

公平な遺産分割

　以前の相続や贈与と今回の相続で不満が出ない分け方を提案し、遺産分割協議が円満に進むようにサポートしました。現状では3等分にすることは難しい状況で、不動産を相続していないOさんが不利にはなりますが、**Oさんの気持ちを聞きながら、折り合える割合**を探しました。

アパートの売却

　アパートは売却して売却代金で分けることが一番の選択肢となります。売却代金によって分け方の割合が違ってきますので、相続税の申告期限までに売却することをご提案し、決断していただきました。

分割の割合

　現金＋生命保険の割合は、兄＝30％、姉＝30％、相談者＝40％、アパート売却代金は、兄＝30％、姉＝25％、相談者＝45％の割合で分けることで合意が得られました。

 実務の内容 ①オーダーメード相続プラン の作成・提案

②相続税申告　③相続登記　④アパート売却

頼るべき専門家。具体的にはどんなことを？

相続実務士	相談対応、課題の整理、具体的な対策の提案、専門家選任、遺産分割協議の提案、売却の提案・サポート
税理士	相続税申告書作成・提出
宅地建物取引士	不動産の売却の仲介
司法書士	相続登記、売却の登記
土地家屋調査士	測量、境界確定

自宅の他にも不動産があり、賃貸事業の見直しが必要

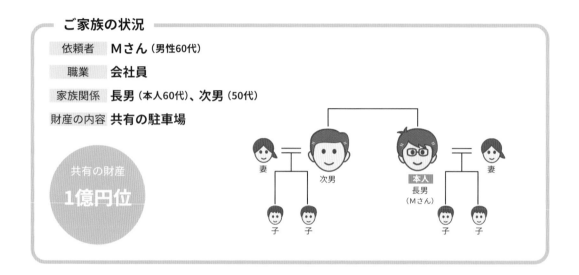

ご家族の状況

依頼者	Mさん（男性60代）
職業	会社員
家族関係	長男（本人60代）、次男（50代）
財産の内容	共有の駐車場

共有の財産
1億円位

妻　次男　子　子　本人 長男（Mさん）　妻　子　子

 相続対策の主なテーマ　相続プラン　資産組み替え

相続相談の内容

現状 **高額となる土地活用の提案への不安**

　Mさん（男性60代）は父親から相続した土地を駐車場にしています。

　周辺に観光名所があり、ハウスメーカーから「ゲストハウス」を建てるといいと勧められています。土地は250坪と広いため、3階の建物を建て、その建築費は4億円になるということです。運営については、専門業者が借り受けてくれるという条件です。

　会社をリタイアして、再就職しているMさんにとっては金額が大きく、この提案を進めていいのかどうか、判断してほしいと相談に来られました。

課題

課題① 手元に残る収入がない

　駐車場の土地固定資産税は年間120万円かかり、毎月15万円の駐車料があっても**手元にはほとんど残らない**という状況でした。

課題② 土地は５人の共有

　駐車場の土地は、父親から母親が相続し、母親はMさんの妻に２％、息子２人にも１％ずつ贈与をし、そのあとすぐに亡くなってしまいました。母親の相続についてはMさんと弟が等分に相続したため、計５人の名義となっていました。

課題③ 土地は不整形地

　対象の土地は入り口が狭く、奥が広い不整形の地形でした。

 このままだと困ること

- 駐車場のままでは節税効果が期待できないばかりか、相続税が1500万円かかる
- Mさんの家族だけであればともかく、世帯が違う弟とほぼ２分の1ずつの共有となっており、この先、さらに相続人が増えていけば、処分する際などの所有者間の合意形成が困難となる可能性が高い
- 道路面の間口は５mしかなく、２つに分けることができても、建物は戸建て住宅２棟しか建てられない

相続実務士®からの提案

土地活用プランの提案

　所有地の環境や特性を生かした活用方法を検討して、いくつかのプランを作成。**ゲストハウス、ガレージハウス、グループホームなど、それぞれのプランによる収支バランスを比較検討**しました。

　いずれのプランでも建物を建てることはでき、事業をスタートさせることはできますが、建物資金の返済が30年後まで続くことを考えると、需要面に不安が残ります。

　結論としては、土地活用はいずれのプランもオススメできないとお伝えしました。

売却、資産組み替えの提案

　土地を残すなら活用が必要ですが、土地は共有であること、地形的に分けられないことなどから、まずは土地を売却して現金化し、兄弟で分ける。そして、新たにそれぞれが区分マンションなどの賃貸可能な物件を購入することを提案しました。

　駐車場は希望以上の価格で売却ができ、共有の解消もできました。納税後に残った現金で区分マンションを購入、兄弟ともに**借り入れのない賃貸物件を所有することができました。固定資産税もうんと下がり、駐車場だったころの手取り額よりもはるかに増え、問題も不安も解消**できてよかったと言っておられます。

実務の内容 **①土地活用プラン** の作成・提案　**②駐車場売却**
③区分マンション購入

頼るべき専門家。具体的にはどんなことを？

相続実務士	相談対応、課題の整理、具体的な対策の提案、専門家選任
	土地活用プランの作成・提案、土地売却
宅地建物取引士	土地売却のい仲介
一級建築士	建築のプランニング
司法書士	売却・購入の登記
土地家屋調査士	測量、境界確定

経済面の困りごと… 　生前　**対策**

財産を、子ども３人に公平に渡したい

ご家族の状況

依頼者	**Ａさん**（男性70代）
職業	**会社役員**
家族関係	**妻**（70代）、**長男**（40代）、**長女**（40代）、**次女**（40代）
財産の内容	**自宅、貸店舗、貸事務所、預金、株、借入金**

Ａさんの財産
3億円台

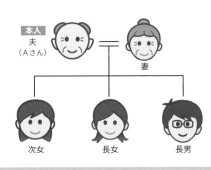

本人
夫
（Ａさん）
妻
次女　長女　長男

 相続対策の主なテーマ 　相続プラン　 　売却　 　組替

相続相談の内容

（現状）**子ども３人は会社を継ぐつもりなし**

　Ａさん（男性70代）がご夫婦で相談に来られました。親から相続した駅も近い土地に貸ビルを建て、その一角で文房具店を経営してきました。在庫の置き場が必要なため、倉庫も建てていましたが、子どもたちはいずれもＡさんの会社を継ぐ意思がないため、事業規模を縮小し、現在は両方ともテナントに賃貸しています。

　70代になったので、相続対策をしておきたいということでした。

課題① 子どもは３人とも、所有する不動産に住んでいる

　Ａさんの自宅は二世帯住宅で、２階に長男家族が住み、次女はＡさん夫婦と１階に同居。長女の家族は文房具店のあったビルの１室に住んでいます。**みなが所有する不動産に住んでいるのが、きょうだい間のトラブルのもとです。**

課題② 不動産の評価が違う

　長女家族が住むビルは、Ａさんの財産のなかでも一番評価が高く、家賃収入も多い点に注意が必要です。

課題③ 借入金が残っている

　貸しビルと貸事務所には、まだ建築資金の借入金が残っており、家賃から返済しています。

課題④ 相続税がかかる

　不動産の評価が高く、借入金を差し引いても相続税が課税されます。

 このままだと困ること

- 二世帯住宅に住む長男と次女が自宅を相続すれば、きょうだいとはいえトラブルが起きる可能性がある
- 長女に相続させると長男と次女から不満がでるかもしれない
- 借り入れが残っている不動産を相続する者から、不満や不安がでるかもしれない
- 小規模宅地等の特例や配偶者の税額軽減を適用すれば納税が減らせるが、遺産分割がまとまることが必須要件となる

相続実務士®からの提案

貸事務所を売却

　貸事務所は、賃料収入も安定し、いまのまま保有することもできますが、借り入れが多いため、手元に残る金額は決して多くありません。そこで、**売却し、手取り額で借り入れを返済する、そして維持しやすい区分マンションの購入をご提案**しました。

　幸い、想定以上の価格で貸事務所が売却でき、区分マンションを購入できました。

遺言書の作成

　配偶者の税額軽減を利用するため、まずは妻に相続させますが、どちらが先になるかはわかりません。よって妻が先に亡くなる場合も想定した内容で作成しておきます。不動産は共有を避けて、自宅は長男が相続、ただし次女の使用貸借を認めることとし、長女は住んでいるビル、長男と次女は新たに購入した区分マンションを相続する、としました。

 実務の内容 **オーダーメード相続プラン** の作成・提案
②売却 の作成・提案　**③購入**　**④遺言書**

頼るべき専門家。具体的にはどんなことを？

相続実務士	相談対応、課題の整理、具体的な対策の提案、専門家選任、遺言書の証人
宅地建物取引士	不動産の売却・購入の仲介
司法書士	売却・購入の登記
土地家屋調査士	測量、境界確定

経済面の困りごと… 生前 対策

自宅ビルに母親がひとり暮らし、分けやすく対策してもらいたい

ご家族の状況

依頼者	Tさん（女性70代）
職業	会社員
家族関係	母親（90代）、長女（本人）、次女（60代）
財産の内容	自宅、賃貸併用ビル、預貯金、株式

母親の財産
4億円

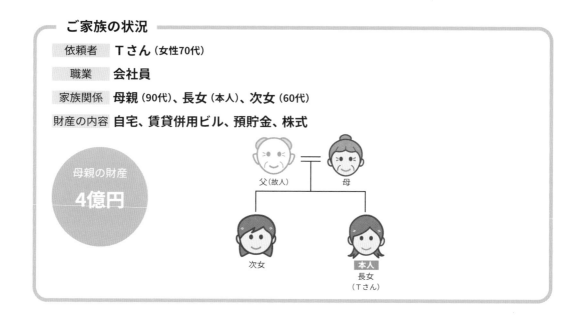

父（故人）　母

次女

本人
長女
（Tさん）

 相続対策の主なテーマ　売却　組替

相続相談の内容

現状 **賃貸している自宅ビルが老朽化**

　Tさんの母親は90代ですが、自宅ビルでひとり暮らしをされています。Tさんと妹さんが生まれ育ったところではありますが、2人が結婚して両親が2人暮らしになったときに、4階建てのビルに建て替えました。2階を自宅にして、1階と3階、4階にワンルーム8部屋を作り、賃貸収入を得てきました。

　父親が亡くなってからは母親が賃貸事業を継続してきました。しかし、**母親も90代、建物も古くなってこれからが大変になる**と考え、姉妹で相談に来られました。

課題

課題① 相続税がかかる

土地の評価が高い立地にあるため、相続税が6000万円超もかかると試算されました。

課題② 1棟なので分けられない

ビルは自宅と賃貸併用の1棟なので、現状では建物を2つにすることはできません。

課題③ ビルは築50年

父親が建てた建物ですから、築50年近く経っています。

 このままだと困ること

- 預金が減ってしまう
- 共有すると将来のトラブルになりかねない
- ビルの老朽化とともに満室経営が難しくなり、修繕費の工面も必要となる

相続相談から解決できた実例

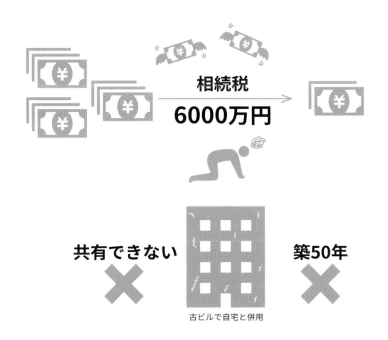

相続税
6000万円

共有できない　　　　　　　築50年

古ビルで自宅と併用

相続実務士®からの提案

建て替えの検討

　現在の土地にビルを建て直した場合の**コスト、間取り、収支バランスを検証**しました。最寄り駅から近い立地ではありますが、賃貸市場が縮小していくエリアだと判断され、リスクがあると判断しました。

売却、資産組み替えの提案

　相続税を節税し、資産を分けやすくするには、ビルを売却し、手元に残るお金で自宅と収入が得られる区分マンションを購入することをオススメしました。

　Tさんと妹さんは、母親を説得して、売却を決意してもらいました。思いのほかいい価格で売却できましたので、引き渡しまでに近くで母親がひとり暮らしできる便利なマンションを購入し、住み替えができました。

　その後、売却が完了し、入ったお金で区分マンションを３つ購入、４物件にして、将来は２つずつ相続しようということになっています。

実務の内容 ①相続プラン の作成・提案 ②自宅ビル売却 ③区分マンション購入

頼るべき専門家。具体的にはどんなことを？

相続実務士	相談対応、課題の整理、具体的な対策の提案、専門家選任、相続プランの提案・サポート
宅地建物取引士	不動産の売却の仲介、購入の仲介
一級建築士	建築のプランニング
司法書士	売却・購入の登記
土地家屋調査士	測量、境界確定

父親が急死、二次相続も視野に財産を整理

ご家族の状況

依頼者	Nさん（男性30代）
職業	不動産賃貸業
家族関係	母親（60代）、長男（本人）、妹（30代）
財産の内容	自宅、賃貸マンション、アパート、預貯金

父親の財産
5億円位

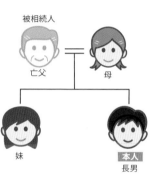

被相続人
亡父　母
妹　本人 長男

相続対策の主なテーマ　相続税申告　売却　組替　法人化　贈与

相続相談の内容

現状）**父親の相続税の申告**

　Nさんは、60代の父親が脳梗塞で急死され、相続税の申告が必要になりました。自宅の周りに不動産があったので、祖父の代から賃貸経営をはじめ、父親がその経営を継承してきました。祖父が亡くなって10年過ぎましたが、父親はまだ60代でしたので、生前の相続対策は手つかずでした。不動産の活用も含めたアドバイスが欲しいということで、母親と一緒に相談に来られました。

課題① **相続税がかかる（予想額は1億5000万円超）**

　自宅と周辺の不動産の評価が高く、財産は5億5000万円となり、相続税の予想額も1億5128万円と試算されました。

課題② **遺言書がない**

　父親は急死でしたので、**遺言書は残っていません**でした。

課題③ **二次相続も考えたい**

　母親は60代ですから、すぐに相続になることはないとしても、**二次相続も視野に入れて遺産分割を考えたい**ところです。

 このままだと困ること

- 預金と有価証券を解約すれば相続税は払えるが、金融資産がなくなってしまう
- 遺産分割がまとまらないと特例も使えず納税しなければならない
- 対策をしておかないと、また多額の相続税が課税される

相続実務士®からの提案

二次相続を踏まえた分割案

　試算された相続税の予想額１億5128万円は、預金と有価証券を合わせると父親の相続財産で払えるのですが、今後の母親の生活のためにはなるべく納税を押さえたいところです。**まずは配偶者の税額軽減を利用するべく、母親が財産の半分を相続する必要**があります。

　財産の70％が不動産ですので、母親は自宅を中心に対策がしやすい不動産を相続するような提案をしました。

自宅の住み替え　広すぎる自宅から適度な土地に

　Ｎさんの自宅は200坪以上もあり、ひとり暮らしになった母親だけで維持するには大変です。そこで自宅を売却し、Ｎさん家族と二世帯で住める家に住み替えるように提案。

資産組み替え。古い物件、地元から人気エリアへ

　自宅の売却代金の残りで人気エリアのビルや区分マンションを購入して賃貸物件を増やしていきました。母親名義の不動産ですが、Ｎさんは母親の相続対策や賃貸事業のサポートをすることを決意され、会社を辞めて本腰を入れるようにされました。そのため、**賃貸管理の法人を設立することもアドバイス**しました。

　父親の相続手続きから合わせて母親の相続対策もできて、節税して収益が増えたため、大きな不安は解消できています。

 実務の内容 ①**オーダーメード相続プラン** 分割案、二次相続

②**相続税申告** ③**相続登記** ④**自宅の売却**

⑤**不動産の購入** ⑥**法人設立**

頼るべき専門家。具体的にはどんなことを？

相続実務士	相談対応、課題の整理、具体的な対策の提案、専門家選任 【オーダーメード相続プラン】遺産分割案の提案、二次相続対策の提案、不動産売却・購入サポート、法人設立の提案・サポート
宅地建物取引士	不動産の売却・購入の仲介
税理士	相続税の申告書作成・提出、法人顧問・決算
司法書士	相続登記、購入登記、法人設立登記
土地家屋調査士	測量、境界確定

5章

もめないために知っておきたい

「感情面」の
課題と対策法

相続対策の際の「感情面」の課題と対策法を
お伝えします。起こりうるトラブル、トラブ
ルになるのはこんな人、事前対策のポイン
トを簡潔にご紹介するので、ヒントにして
みてください。

もめないために知っておきたい「**感情面**」の課題と対策法

相続人に関すること

【独身】　独身で子どももなく、きょうだいが相続人

起こりうるトラブル　分割協議がまとまらず相続手続きができない、財産の内容も不明で手間がかかる。

トラブルになるのはこんな人　疎遠になっている場合や亡くなってしまっている場合もあり。生前より相続人との意思疎通がはかれない関係になっている。

事前対策　**面倒をみてくれる人などを、遺言執行者に指定して遺言書を作成する、財産の内容もまとめておく。**

【配偶者】　子どもはいるが、配偶者がいない、あるいはすでに他界

起こりうるトラブル　子どもだけで相続する場合はもめやすく、相続税の税額軽減の特例が受けられない、個々に主張があると分割がまとまらず調停、裁判に発展しやすい。

トラブルになるのはこんな人　きょうだい間のコミュニケーション不足で、生前から温度差がある。

事前対策　**もめない遺言書を作り、子どもたちに意思を伝えておく。**

【子どもがいない】　配偶者がいるが、子どもはいない

起こりうるトラブル　配偶者と本人の親、あるいはきょうだいが相続人で、そもそもが他人。感情的な対立に発展すると調停、裁判になる。

トラブルになるのはこんな人　妻と夫の親などが日ごろから疎遠で、夫が亡くなったことについて妻にも責任があると責めたりする。

事前対策　**配偶者、きょうだいを守るために遺言書を作っておく。**

【相続人がいない】　配偶者、子ども、親、きょうだいもいない

起こりうるトラブル　財産は国に帰属して親族は受け取れない。面倒をみてくれる親族が特別縁故者の手続きをするには、費用が100万円以上もかかり大変。

トラブルになるのはこんな人　自分が亡くなったあとのことなので関係ないと考えている。

事前対策　**遺言書で遺贈を決めておき、身近な人に託しておく。**

【再婚、認知】　前妻・前夫の子どもや、認知した子ども等がいる

起こりうるトラブル　相続人たちの子どもたちに温度差があることが多く、話し合いができずに弁護士に依頼、調停となる。

トラブルになるのはこんな人　生前より双方の関係性は最悪、会うつもりさえない。

事前対策　**財産を渡したい場合は生前贈与、遺言書は必須。**

【代襲相続人】　子どもやきょうだいが先に亡くなり、代襲相続人がいる

起こりうるトラブル　相続人と代襲相続人で温度差があり意思の疎通がとりにくい。話し合いがまとまらないと甥や姪が弁護士に依頼、調停になる。

トラブルになるのはこんな人　代襲相続人の母親（被相続人の妻）と被相続人の親が疎遠になると、代襲相続人と祖父母、叔父、叔母とは疎遠になり、会うこともない。

事前対策　**遺留分に抵触しないような分割を決めて遺言書を作っておく。**

【不仲】　家族間ですでに争いを抱えていたり、疎遠・対立している

起こりうるトラブル　以前からの対立や疎遠の関係性がそのまま相続の場に持ちこまれ、争いや対立がさらに明確化、決定的となり、調停や裁判に発展する。

トラブルになるのはこんな人　生前から親の財産をあてにして要求してくる子どもがいて、きょうだいも警戒し、距離をおいている。

事前対策　**相続させる側が遺言書を作成し、話し合いがなくてもいい状況を作る。**

【援助】　援助が必要な相続人がいる（障害、独身、離婚等）

起こりうるトラブル　親の収入に依存してきたきょうだいに対し、自立していた子どもが不満を抱え、等分が妥当と主張し、相続手続きを仕切って親の気持ちに沿わない分割となる。

トラブルになるのはこんな人　独身でずっと親と同居している子どもがいて、親の財産で生活している。

事前対策　**自宅を誰が相続するかなど遺言書で指定しておく。**

【行方不明、海外在住】　相続人に行方不明や海外在住者がいる

起こりうるトラブル 行方不明者には親が亡くなったことを知らせる術がなく分割協議が
できない。海外在住者は相続手続きの書類を用意するのが大変。

トラブルになるのはこんな人 何年も音信不通の子どもがいるが、探しようがなくあきらめている。

事前対策 **行方不明者や海外在住者が手続きをしなくてもいいように遺言書を
作る。**

【寄与】　介護や事業に寄与してくれた相続人がいる

起こりうるトラブル 介護を引き受けた子どもと協力しなかった子どもとの間で、介護の
寄与分を巡って話し合いが平行線となり、調停になる。

トラブルになるのはこんな人 親の介護について、きょうだいの協力はなく、自分がやるしかなか
ったという気持ちを強くもっている。

事前対策 **親の様子や介護の状況はきょうだいにも知らせて共有する。親は介
護にあたってくれた子どもに配慮した遺言書を作成する。**

遺産分割に関すること

【主張】　遺産分割につき、個々の主張が違う

起こりうるトラブル　子どもたちそれぞれの主張や思惑が異なり、話し合いは平行線で弁護士に調停を依頼。分割は決まってもきょうだいは絶縁となる。

トラブルになるのはこんな人　子どもたちの性格の違いから、相続でのもめごとが懸念されながらも子どもたちに丸投げしてしまう。

事前対策　**親の立場として生前に話し合って分割を決め、遺言書にしておく。**

【寄与】　介護や事業に貢献してくれた相続人に多く分けたい

起こりうるトラブル　親と同居しながら家業を継いだ長男が、財産の大部分を相続すれば、他の相続人からは不平が出て、弁護士に調停の依頼となる。

トラブルになるのはこんな人　長男は跡継ぎという暗黙の了解に頼り、妹、弟も納得しているはず。長男が仕切ってくれたらすべてはまとまるはずと思っている。

事前対策　**遺言書で跡継ぎを指定しておき、他には現金や保険を用意する。**

【二次相続】　二次相続でも納税が必要

起こりうるトラブル　父親のときには母親がすべてを相続し、無税で済んだが、母親の相続ではかなりの相続税がかかってしまい、失敗した。

トラブルになるのはこんな人　相続税がかからないということで、母親も安心し、父親の財産すべてを相続してしまった。母親も高齢だったので先のことも考えないで生前の対策もしていない。

事前対策　**一次相続時に二次相続の相続税をシミュレーションして決める。母親が対策すれば、一次も二次も節税は可能。**

【不動産】 動産よりも不動産の評価が高い

起こりうるトラブル 不動産が多いために相続税が高くなってしまい、納税のために売るしかなかった。

トラブルになるのはこんな人 土地持ちは、相続のたびに資産は減るものだと思っている。自分の代で減らしたくないが、仕方がないし、対策も思いつかない。

事前対策 **相続プランを作り、土地活用や資産の組み換えを行って節税、維持する。**

【不動産】 不動産が分けられない、または分けにくい

起こりうるトラブル 主な財産は自宅だけ。同居してきた長女が住み続けたいというが、独り占めは不公平。売ってでも財産を分けてほしいと、弁護士を入れて調停。

トラブルになるのはこんな人 家だけなのでたいした財産はない。長女が同居しているので、長男、次男も分かっているはず。

事前対策 **争いにならないように遺言書で決めておく。長女に家を残すなら、長男、次男には預金や生命保険を用意する。**

【収益不動産】 収益不動産があり、分けにくい

起こりうるトラブル 自宅に同居する長男が親の跡を継いでアパートも相続したいと言うが、他の相続人も家賃の入るアパートが欲しくて、話はまとまらない。弁護士に調停を依頼。

トラブルになるのはこんな人 親の財産はそのまま跡継ぎが相続するのが普通なので、妹も弟も納得するはず。

事前対策 **家賃が入る不動産は魅力的だが、分けにくいため遺言書で決めておく。きょうだいの共有は避けて、他のものを用意する。**

【同居】 ひとつの不動産に相続人複数が同居している

起こりうるトラブル 自宅ビルには賃貸部分もあるが、長男家族、長女家族が住んでいる。相続では両者ともに引かず、険悪な関係となっている。そのうえ賃貸経営もうまくいかずストレスで病気に。先が思いやられる。

トラブルになるのはこんな人 子どもたちは仲がいいはずなので、同じビルに住んで助け合いながらビルも維持してもらいたい。

事前対策 **きょうだいの共有は避け、単独の不動産になるように最初から分ける。ひとつしかなければ、同居は避け、もうひとつ用意する。**

【共有名義】　共有名義になっている不動産がある

起こりうるトラブル　長女が自宅を建てるときに親が資金援助し、土地の半分は親の名義になっている。親の相続の際、長男からは時価相当のお金で払ってほしいと言われ、調停に発展。

トラブルになるのはこんな人　長女が住む家なので長男が欲しがることもないはず。親が亡くなったら長男は心よく長女名義にしてくれると安易に考えていた。

事前対策　**遺言書で土地は長女に相続させると決めておく。**

【代償金】　不動産を相続する者が代償金を払うようにしたい

起こりうるトラブル　財産が自宅しかなく、相続財産のお金は葬儀費用でなくなった。きょうだいからは、同居してきた長女が自分のお金で払えと言われて困った。時価だと払えないし、寄与分があるから少なくていいはずと言うが、まとまらない。

トラブルになるのはこんな人　自宅しかないので相続でもめるなんてあるわけがない。お金が残らないのは仕方ない。

事前対策　**遺言書を作成すれば、法定割合の半分の代償金ですむ。**

【生前贈与】　贈与した財産があるが全員に知らせていない

起こりうるトラブル　相続税の申告のとき、長女が生前に1000万円出してもらっていたことが判明。きょうだいにも黙ってもらっていたのは許せない、他にもあるのではないかと疑心暗鬼となり、協議がまとまらず、調停で法定分割に。

トラブルになるのはこんな人　長女から頼まれてお金を出したが、他の子どもに言いにくい。黙っていればわからないので、娘にも言うなと言ってある。

事前対策　**贈与はオープンにし、公平にしておく。相続時にバランスをとるような遺言書を用意する。**

知っていると違う！
「感情面」の対策ポイント

法律だけでは解決しない、オープンにして譲り合う

　円満な相続のためには、親に対して尊敬と感謝の気持ちを忘れないことです。そして、きょうだいに対しても、相手の状況や主張を尊重する態度が必要です。

　争う場合には自分や、自分の身近な配偶者、子どもに思いが偏りがちで、親やきょうだいへの配慮がおろそかになる傾向が見受けられます。

　しかし、相続の現場に多く立ち会ってきた経験から言えることは、円満な相続のためには、親子、きょうだい間の信頼関係を保つことは不可欠なのです。

　そして、**「しこりを残さないオープンな相続にする」** ことも大切です。

　現在でも、まだ家督相続を踏襲するご家族も少なくありません。家を出た人や嫁いだ人に財産を分ける必要はないし、教える必要もないという考え方です。それでも話し合いができれば、譲歩してもいいというのが多くの方の本音です。しかし、隠そうとするから疑心暗鬼が生まれるのです。何事も隠すことなく、オープンにして、できるだけ悔いを残さないようにしたいものです。

　そうは言っても、簡単ではないのが相続です。**個人の気持ちやそれぞれの事情、ご家庭や家族の状況などで課題は千差万別、したがって解決の方法もすべて異なります。**

　定番に従えばいいというものでもなく、またこれが正解ということも見えにくいため、100人いたら100通りの相続になります。

　そんなことなら、対策しても仕方ないのではと思われるかも知れませんが、相続対策の準備があるなしでは、結果はまったく違ってきます。

相続は家族のテーマとして考える、相続を円満に乗り切るポイント

　「相続させる立場」からすると、「財産をオープンにする」ことの抵抗感はあるでしょう。財産をオープンにすることによって、子どもたちが親の財産をあてにしたり、欲しがったりするだろう、と考える方もあるはずです。

　あるいは、親子で財産やお金の話などするものじゃない、と思う方もいるかもしれませ

ん。　また、すでに親子、きょうだいの間で争いを抱えており、いまさら関係の修復も難しいというご家族もあるでしょう。

そうした場合こそ、**相続の用意は絶対に必要**となります。円満な話し合いが期待できないようであれば、遺言書を用意し、今以上に深刻なもめ事に発展しない防止策を講じる事が必要となります。

✊ **相続を円満に乗り切るポイント**

- 普段からコミュニケーションを取る………**いざとなっては円満にいかない**
- 財産や生前贈与はオープンにする…………**疑心暗鬼のもとをつくらない**
- 寄与や介護の役割分担の情報共有をする…**一方的な主張にならないように**
- 遺産分割でもめないようにしておきたい…**もめたら節税できない**

遺言書を作るときに配慮したいこと

なかには、親子、きょうだいでもう何年も会っていない、話をしていないという声も聞きます。特別な理由がなく行き来がないこともあれば、ある明確なきっかけにより疎遠になった場合もあるようです。

とくに明確なきっかけがあった場合や、意図的に距離を置いている場合においては、相続になったからといって関係が円満になることは期待できません。相続の用意をしておかないと悲惨な状況になります。

円満な話し合いが期待できないのであれば、遺言書を用意し、いま以上に深刻なもめ事を誘発しないような防止策としなければなりません。

それなのに、このような状況にあっても遺言書が残されていないことはよくあることで、案の定、相続人間で争いになっているのです。

遺言書を用意しておけば、相続になったときに財産の渡し方などを自分の意思で決めておくことができ、不仲な相続人たちが争いになるような話し合いの場を持たなくても手続ができるのです。家族の不和が解消できなくとも想定される争いを引き起こさないだけでも価値があると言えます。

感情面の対策①　生前対策はもめないための用意

▶ 生前対策は **認知症になる前に**

   → **意思確認**が取れないと前向きな対策ができない（贈与・売却・購入・借入・遺言など）

   → **後見人**をつける前に対策は済ませる（後見人は財産管理だけ。対策はしてくれない）

▶ 遺産分割で **もめたら節税できない**

   → 遺産分割が決まらないと **特例が使えない**

▶ **不動産** の分け方を決めてトラブル回避

   → 安易に "**とりあえず共有**" はしない

相続争いを未然に防ぐ対策をしておきたい

感情面の対策②　コミュニケーション＆オープン

▶ 普段から **コミュニケーション** を取っておく

   → いざとなっては円満に行かない

▶ 財産や生前贈与は **オープン** にしておく

   → 隠し事をせず、疑心暗鬼のたねを作らない

▶ もめないよう **遺言書** や **民事信託** を用意する

   →「書類」にしておかないと手続きできない

相続になる前に家族で対策をしておくと違う！

感情面の対策③　遺言書を作るときのポイント

▶ 遺言書は**こっそり作らない**→公正証書遺言がオススメ

  → 本人が知らせて"誰かが作らせた"という疑いはもたせない！

▶ 遺産分割は**公平に**するのが無難

  → 遺留分には配慮しておく

▶ 公平に分けられないときは**理由を明記**する

  → **付言事項**に理由や意思を書いて伝える

▶ 財産のことだけではなく**感謝や気持ちも残す**

  → 全員に向けたメッセージや思いは最良の説得材料になる

"配慮ある遺言書"があれば深刻なもめかたはしない

遺言作成者の分析① （平成19〜令和3年314人）

(株) 夢相続データ

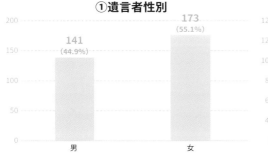

①遺言者性別

男　141（44.9%）　女　173（55.1%）

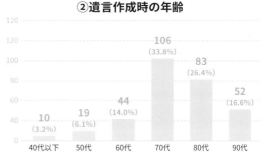

②遺言作成時の年齢

40代以下　10（3.2%）　50代　19（6.1%）　60代　44（14.0%）　70代　106（33.8%）　80代　83（26.4%）　90代　52（16.6%）

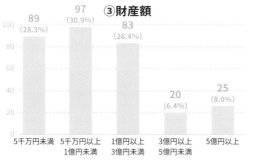

③財産額

5千万円未満　89（28.3%）　5千万円以上1億円未満　97（30.9%）　1億円以上3億円未満　83（26.4%）　3億円以上5億円未満　20（6.4%）　5億円以上　25（8.0%）

④作成場所

公証役場　239（76.1%）　自宅　31（9.9%）　老人ホーム　15（4.8%）　病院・ホスピス　23（7.3%）　その他　6（1.9%）

6章

財産を守るために知っておきたい

「経済面」の課題と対策法

相続対策の際の「経済面」の課題と対策法をお伝えします。起こりうるトラブル、トラブルになるのはこんな人、事前対策のポイントを簡潔にご紹介するので、ヒントにしてみてください。

財産に関すること

【不動産】　自宅の他にも不動産がある

起こりうるトラブル　自宅以外は空地で活用しておらず相続税が高くなった。固定資産税もずっと払ってきたが負担ばかり。

トラブルになるのはこんな人　空地でもずっと持っているのが財産だと思っている。

事前対策　活用しない土地は処分するなどの整理をする。

【借地権】　借地上に建物を所有している

起こりうるトラブル　借りているので地代がかかり、自由に売ったり、建てたりできない。

トラブルになるのはこんな人　土地は借り物なので財産という認識がない。

事前対策　借地権の評価を行って価値を知っておく。

【底地】　借地人が居住している土地がある

起こりうるトラブル　借地人の建物が建っているので自由度はないのに相続税は高い。

トラブルになるのはこんな人　借地人は地代の値上げ交渉にも応じないが、代々の土地なので持ち続けている。

事前対策　ずっと持ち続けるよりも処分や等価交換などを検討する。

【賃貸経営】　賃貸物件を所有している

起こりうるトラブル　アパートを所有していれば節税ができると思っていたが、空室があり相続税の節税効果が少なくなった。

トラブルになるのはこんな人　空室が出ても古くなったアパートにお金をかけることもないと思い、放置している。賃貸経営も苦労が多い。

事前対策　リフォームや設備投資をして満室を目指すよりも、建て替えや売却などを決断する。

【預金】　他の財産に比べて預金が少ない

起こりうるトラブル　不動産に比べて預金が少なく、相続税は土地を売って納税資金にした。

トラブルになるのはこんな人　相続にどれくらいの額が必要なのか分からないし、遺産分割にも現金が必要とは思うが、何も対策はしていない。

事前対策　**相続税を確認、計画的な節税案や分割案を作り、相続対策を具体化・数値化しておく。**

【名義預金、株】　自分が契約した家族名義の預金や株がある

起こりうるトラブル　相続税の申告で名義預金の申告をしなかったため、税務署から指摘を受け、追徴課税で余分な税金を払わされた。

トラブルになるのはこんな人　子どもや孫の名義で口座を開設しているが、勝手に使われないように通帳も印鑑も渡していない。株も親が子ども名義で購入して、知らせていない。

事前対策　**通帳、印鑑を渡して贈与をしてしまう。株も子どもに贈与してしまう。**

【借入金】　返済の見込みのない負債がある

起こりうるトラブル　親が残した借金があり、相続のときに発覚。親からは何も聞かされていなかったため、相続人の子どもが全員、相続を放棄した。親のきょうだいにも影響が及び、迷惑をかけた。

トラブルになるのはこんな人　消費者ローンなどに借金があり、返済も終わっていない。同居する子どももいないし、行き来もほとんどないので相談もできない。

事前対策　**負債が残るようなら自己破産するなど、次世代に残さないよう処理しておく。**

【貸付金】　返済の見込みのない貸付金がある（同族会社）

起こりうるトラブル　同族会社の貸付金は戻ってくる見込みもないが、相続財産として相続税を払わないといけない。

トラブルになるのはこんな人　自分が会社に貸し付けたお金で、いまはお金を戻してもらう必要もないし、あてにもしていない。長年帳簿に載っているが、顧問税理士からは一切、アドバイスもない。

事前対策　**貸付金も財産として課税されるため、早めに債権放棄や贈与を決断する。**

【会社経営】　同族会社の株を持っている

起こりうるトラブル 同族会社の株主が相続人複数となり、相続税を払っても名目だけの財産。経営者は買い取ってもくれないため、最後は弁護士に依頼し、対立する。

トラブルになるのはこんな人 株主が家族で複数名いるが、贈与や相続で取得している財産なのでそのまま持ち続けている。配当もなく、買い取ってくれないのも仕方ないとあきらめている。

事前対策 経営者家族に株を集約するように贈与、譲渡しておく。

【財産確認】　財産がどれ位あるか確認できていない

起こりうるトラブル 亡くなった人がひとり暮らしで、財産については何も知らされず、亡くなってから家捜し。通帳や不動産の権利証などを遺品の山から探し出すのは至難のワザ。見つからなくて周辺の銀行を探し回り、ほとほと疲れた。

トラブルになるのはこんな人 子どもや親族との交流がない生活で、自分が亡くなってもあとのことは関係ないし、財産を当てにされても困る。

事前対策 生前に財産を確認しておくことは必須。認知症になったときもスムーズに財産管理をしてもらえる。

申告・納税に関すること

【財産評価】 財産の価値が理解できていない

起こりうるトラブル 相続になって確認してみると不動産の評価が高く、現金もあり、想像以上に相続税がかかってしまった。

トラブルになるのはこんな人 妻も先に亡くなり、資産家でもないので相続対策なんて全く必要がない。

事前対策 子どもたちから働きかけて財産の評価をあらかじめしておく。

【申告】 相続税の申告が必要になる

起こりうるトラブル 土地が多いから申告が必要とはわかっていたが、思いのほか相続税がかかり、後悔した。

トラブルになるのはこんな人 毎年の申告は税理士に任せているので心配は無用のはず。

事前対策 相続に慣れた専門家に依頼して確認しておく。

【申告】 前回も相続の申告をしている

起こりうるトラブル 祖父が亡くなったときの経験で、父親のときにも申告は必要とわかっていたが、思いのほか手続きも大変で、相続税の払いもきつかった。

トラブルになるのはこんな人 相続税は、相続のたびに毎回払うものだという認識なのであきらめている。

事前対策 相続に慣れた専門家に依頼し、生前の対策をする。

【節税】 相続税を節税する余地がある

起こりうるトラブル 土地が何ヶ所かあったため、相続税は土地を売却して払うしかなかった。

トラブルになるのはこんな人 土地持ちにとって相続税は減らせないし、打つ手もない。亡くなった後ではもう間に合わない。

事前対策 土地は生前に活用することで節税もできる。

【節税】 相続税を節税したい

起こりうるトラブル できるだけ相続税は払いたくないと思っていたのに、任せた税理士はこんなものですよ、の一言。税理士任せにしたことを後悔。

トラブルになるのはこんな人 相続税は節税したいが借り入れなどのリスクは負いたくない。誰に頼んでも節税はできないとあきらめている。

事前対策 **相続の専門家であれば生前・相続後を問わず節税案を提案してもらえる。**

【納税】 相続税が払えるか不安

起こりうるトラブル 相続税はやむを得ないと思っていたが、いざなってみると想像以上の金額で大変な思いをした。

トラブルになるのはこんな人 お金さえ子どもに残しておけば相続税の問題はないはず。

事前対策 **相続税、分割金、費用などを計算、想定し対策しておくことで安心できる。**

【納税】 納税に必要な現金がない

起こりうるトラブル 財産のほとんどが土地で、納税する現金がなかった。申告間際に相続税の額を知らされ、あわてて土地を売却したので買い叩かれてしまった。

トラブルになるのはこんな人 相続税については覚悟しているが、土地を物納すればいい。土地が減るのは仕方ないこととあきらめ、相続になってから考えればいい。

事前対策 **相続税の節税対策として、土地売却などの納税資金の捻出方法も想定しておく。**

【物納、延納】 土地を物納、もしくは延納したい

起こりうるトラブル 土地を物納すればよいと安易に構えていたが、物納は不可となり、あわてて延納に切り替えた。測量、売却をすすめたが、準備不足がたたり完全に失敗した。

トラブルになるのはこんな人 土地を物納すればすむと思い、相続対策は一切やる必要がない。

事前対策 **土地で納税を考えるなら早めに測量して用意。物納できないこともあるため、売却できるように価格も想定しておく。**

【売却】　土地を売却しないと納税ができない

起こりうるトラブル 土地がいくつかあるので売却して納税するつもりだったが、分割や申告手続きに手間取り、納税期限までに売却できなかった。納付期限の延長で利息も上乗せされ、ストレスもピークとなり後悔した。

トラブルになるのはこんな人 相続時の納税用に売る土地も決めてあるので問題なし。更地でないと売れないので、とりあえずは現状維持。

事前対策 **更地のままでは節税効果がない、生前に資産組替することで節税になる。**

【顧問税理士】　顧問税理士もいろいろ

起こりうるトラブル 親の代から付き合っている顧問税理士なので、相続のときも力になってくれると思っていたが、思いのほか頼りにならなかった。詳しい説明もなく相続税を払うのは当たり前と言われてがっかり。

トラブルになるのはこんな人 顧問税理士に任せているので不安はない。ふだんからアドバイスもないが、相続では頼りになるはず。

事前対策 **顧問税理士でも相続に強いかどうかは不明、相続の専門家を探して相談しておく。**

「経済面」の課題と対策法

生前対策に関すること

【生前対策】　これといった生前対策はしていない

起こりうるトラブル　相続対策は資産家がするもの、自分には関係ないと思っていたが、きょうだいでもめて絶縁状態となり、後悔している。

トラブルになるのはこんな人　財産はたいしてないし、何もしなくても困りはしないはず。

事前対策　**ノープランでは不安な時代、相続人と財産の確認くらいはしておくことがオススメ。**

【不動産の整理】　問題を抱えた不動産がある（境界、共有名義等）

起こりうるトラブル　現在、母親がひとりで暮らす実家の土地は、父親と叔父、叔母の5人が祖父の相続のときに共有した不動産で、自分たちには関係ないと思っているが、いずれ関わりになると思うと気が重い。

トラブルになるのはこんな人　跡継ぎだから長男が不動産を相続するのは当たり前と思っていたが、弟妹から文句が出て、5人の共有にしたので文句はないはず。先のことはわからないがいまは問題ない。

事前対策　**弟妹から名義を買い取るか、贈与、遺贈を受けることを決めておき、先延ばししない。**

【財産継承】　事業や後継者に不安がある

起こりうるトラブル　次男が会社を継いでくれているので長男からは文句が出ないと思っていたら、相続時に長男が権利を主張。会社経営にも影響があり困った。

トラブルになるのはこんな人　長男は会社に関心を示さず、次男が継いでくれたのは有り難い。当然、会社関係の財産は次男に渡すつもりだし、長男も理解してくれるはず。

事前対策　**生前に遺言書を作り、長男にも伝えて家族で共有し、全員の理解を得ておく。**

【賃貸事業】　賃貸事業の見直しが必要

起こりうるトラブル アパートは古くなって空室ばかり。わずらわしいことが多く、苦労している。

トラブルになるのはこんな人 父親のアパート経営は節税対策のためのもので、そもそも賃貸事業に労力を費やすつもりはない。アパートが建っているから問題はない。

事前対策 **空室では節税にならない。賃貸事業は先行投資が必要。リフォーム、建て替えなどすれば稼働率もよくなる。**

【遺言書】　遺言書の作成が必要

起こりうるトラブル 母親が亡くなりきょうだいだけになったときに日ごろの不満が爆発。きょうだいはみな同等の権利があるはずと互いに主張し合い、いまはバラバラになった。

トラブルになるのはこんな人 父親の相続で不満も出ていたが、母親がいるので我慢した。その後、相続の話はタブーとなり手付かず。どうなるか、不安はある。

事前対策 **生前の遺言書は必須。母親が子ども全員に伝えておくことでもめごとは回避できる。**

【認知症】　認知症、意識不明等で意思確認が難しい

起こりうるトラブル 父親は90代で亡くなったが、年々、認知症の進行もあり、何の対策もしないまま相続を迎え、きょうだいがもめて後悔した。

トラブルになるのはこんな人 高齢で、しかも認知症になっているため、何もできない。老人ホームに入ってますます認知症がすすんでしまい、何も対策ができない。

事前対策 **高齢でも遺言書を作れる可能性はあるので、専門家に相談してみる。**

【生前贈与】　生前贈与をしていない

起こりうるトラブル 相続になって現金を確認すると思いのほか、預金が多く残っていた。本人はほとんど使わなかったが、預金は相続税で減ってしまった。

トラブルになるのはこんな人 預金のことを言えばあてにされそうだから何も言わなかった。使う予定もないが残しておけば文句は出ないはず。

事前対策 **相続税で減らすよりも生前贈与や相続対策を活用することがオススメ。**

【土地の有効活用】　遊休地がある

起こりうるトラブル　遊休地だったために相続税が高くなり、その土地を売って納税するしかなかった。

トラブルになるのはこんな人　遊休地にアパートなどを建てても苦労がふえると思い、ずっと遊休地のままにしてある。固定資産税は他の収入で賄っている

事前対策　**遊休地では節税とならないため、資産組替などの決断が必要。**

【資産の組み替え】　資産の組み替えが必要である

起こりうるトラブル　土地があったために相続税がかかり、節税もできずに納税となった。

トラブルになるのはこんな人　土地を守り、次の代につなげることが資産家のつとめと教えられてきた。

事前対策　**持ち続けるだけでは節税もできずに減ってしまう。土地を売却し、そのお金で賃貸不動産を購入すれば、借り入れのない節税対策となる。**

【生命保険】　まとまった現金が入る生命保険には加入していない

起こりうるトラブル　相続では生命保険の非課税枠があると相続の手続きのときに知った。定期預金にしておくより、生命保険に切り替えたほうがよかったと後悔。

トラブルになるのはこんな人　生命保険は60歳で満期となり、それからは入らなかった。もう70代なので入れないし、入る必要もないのでは。

事前対策　**財産の見直しをして非課税枠のメリットが使える生命保険に加入しておく。**

知っていると違う！
「経済面」の対策ポイント

節税のしくみを知ろう……
「財産を減らすこと」＋「評価を下げること」

　相続税は累進課税で、課税額が高くなるほど税率も高くなります。財産が多いほど相続税も高くなり、財産が少ないほど相続税も少なくなるということです。よって、相続税を減らすためには、**「財産を減らすこと」**と**「評価を下げること」**を考えればよいということです。

　相続税対策として、**「財産を減らすこと」**の代表格は、**「贈与」**です。「贈与」というと現金の贈与を思い浮かべる人が多いことでしょう。現金贈与は手軽にできるので、多くの人が実行している節税対策ですが、贈与税の基礎控除は年間110万円しかなく、まとまった節税効果は得られません。

　現金よりも大きな節税効果が期待できるのは、「不動産の贈与」です。不動産のうち土地は時価の80％とされる路線価で評価し、建物は時価の半分程度の固定資産税評価となります。よって、「不動産の贈与」には、正味価値よりも遙かに低い評価で贈与できるメリットがあります。

　次に**「評価を下げること」**が、節税対策になります。**「評価を下げる」**ことの代表格は、**「不動産」の評価**です。

　不動産のうち、土地の評価額は、**「路線価×面積」**で算出されますが、この「路線価」は、その土地が所在する地域においてもっとも利用効率が高い土地の1㎡あたりの時価を表しています。

　しかし、土地は、たとえ同じ「路線価」のついている道路に接しているとしても、その形状等は個々に違いがあり、評価する土地には何らかのマイナス要因を含んでいることがあります。必ずしも「路線価×面積」が適正な評価とはならないのです。

　こうした状況を正確に判断するためには、土地の現地調査をし、マイナス要因を把握することが必須です。正確な土地の評価額を知ることにより、評価減が見えてきます。

また、一定面積以上の土地については、地籍規模の大きな土地特有の補正適用があり、評価が下がることもあります。地籍規模の大きな土地とは、その地域における標準的な宅地の地積に比して著しく地積が大きな宅地で、開発行為を行うとした場合に公共公益的施設用地の負担が必要とされる土地です。

さらに、**土地を貸す（貸し地）、あるいは賃貸住宅を建てる（貸家建付地）ことも評価を下げる**ことにつながります。現金を不動産に替えることでも評価が下がりますので、節税対策となります。

生前にできる節税対策

「財産を減らす」＋「評価を下げる」

財産	財産を減らしてできる節税		評価を下げてできる節税
現金	○ 贈与	普通 110万円 教育資金 1500万円 住宅取得 500〜1500万円 配偶者控除 2000万円 結婚・子育て資金 1000万円	○ 不動産を購入
	○ 寄付		○ 建物資金に利用
株式	贈与		△ 同族会社があれば計画的に評価が下がる状況を作る
生命保険	○ 現金→保険加入		○ 非課税枠1人500万円
不動産	○ 贈与		○ 土地活用、資産組替
	○ 売却→現金→購入		○ 分筆
			○ 地籍規模大地確保
	○ 寄付		○ 小規模宅地等特例要件

相談の困りごと【経済面】　相続税で財産が減る

▶ 対策をしておかないと相続税がかかる

相続税の**基礎控除を超えると**課税される

→ **3000万円＋相続人1人600万円**

▶ **基礎控除**を知っておこう

| 相続人2人 |
| 妻・子ども1人＝**4200万円** |

| 相続人3人 |
| 妻・子ども2人＝**4800万円** |

●●●●	税率	控除額
1,000万円以下	10%	―
3,000万円以下	15%	50万円
5,000万円以下	20%	200万円
1億円以下	30%	700万円
2億円以下	40%	1,700万円
3億円以下	45%	2,700万円
6億円以下	50%	4,200万円
6億円超	55%	7,200万円

生前に確認しておかないと相続税が課税される

不動産を活用してできる対策は多い

不動産を活用して節税できます

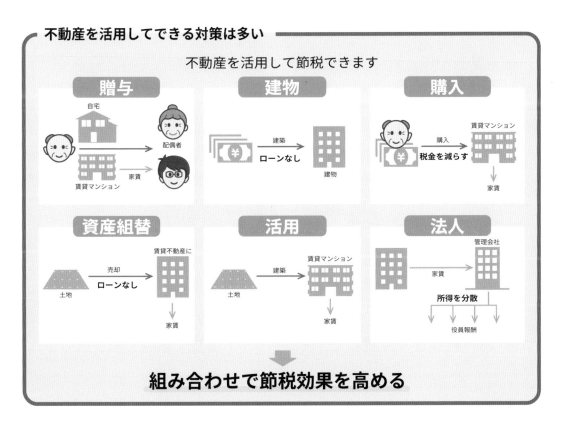

組み合わせで節税効果を高める

生前対策は【相続プラン】を作って取り組みたい

① "相続人" と "財産" を確認する

相続人	不動産：土地・建物

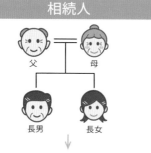

土地：路線価・倍率
建物：固定資産税評価

基礎控除 **3000万円＋600万円×□人**

預金・有価証券	生命保険	負債

残高確認 　　　　　 受取保険金 　　　　　 返済表確認

財産合計－基礎控除＝課税財産→**相続税**

---

② "相続プラン" を立てて実行する

対策前	対策後

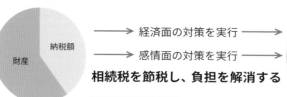

節税分

→ 経済面の対策を実行 →
→ 感情面の対策を実行 →

相続税を節税し、負担を解消する

- 遺言…分割でもめないため
- 節税…経済的な負担を減らすため

⬇

感情面・経済面に配慮した【相続プラン】を立て家族で取り組もう

相続税は予測できる

相続税は財産評価して計算できるので、相続になる前でもおおよその相続税の試算はできます。評価の仕方や計算の仕方もシンプルで、難しくはありませんので、仕組みは知っておいた方がいいでしょう。

相続税を減らすにはいくつかの方法がありますが、**「財産を減らす」＋「評価を下げる」**対策に取り組むことで実現可能です。相続対策に取り組む場合、現状の評価と対策後の評価を算出して比較することで、成果が確認することもでき、取り組みやすいと言えます。

相続税を減らすことは難しくはない。決断のみ！

相続は大変だと言われますが、経済面の対策は難しくありません。**相続税を０にする方法**もあります。基礎控除の範囲内の評価にすれば相続税はかからず、申告の必要もない財産に変わります。

それにはいままでどおりに財産を持ち続けていたのでは相続税も減らせません。必要なことは評価が下がるように **"形を変える"** ことです。土地は資産組み替えや活用をし、預金も不動産や保険に変えていくのです。そうした対策の決断が必要になります。

7章

相続の基本を知っておこう

相続実務士®などの専門家とともに、"円満相続"を実現するために、みなさんに、これだけは知っておいていただきたい相続の基礎知識をご紹介します。

【相続の基礎知識①】

相続手続きのスケジュールを知りましょう

いろいろな手続き、期限がある

相続にはいろいろな手続きが必要

　人が亡くなることで相続は開始されます。財産の多い、少ないにかかわらず、残された家族は、誰もが必ず相続に直面することになるのです。通夜、葬儀が終わって、これで一段落だと思いたいところですが、相続する人は、相続開始の時から亡くなった人の財産に関する一切の権利義務を承継しますので、相続の手続きをしなければなりません。

　まずは、相続人の確認や遺言書を残しているかどうかを確認します。次に、財産と借金の大まかな状況を確認して、相続するかしないかを決めます。相続の放棄や限定承認などを家庭裁判所に申し立てる期限は、相続人になったことを知ってから3カ月以内となっています。

　亡くなった人に所得があれば、4カ月以内に準確定申告書を作成して、申告しなければなりません。亡くなった年の1月1日より亡くなった日までの所得に関する申告で、相続人が代わりに申告することになります。

　さらに財産が基礎控除を超えるようであれば、亡くなってから10カ月目までには、相続税の申告をし、納税しなければなりません。遺言書がなければ、相続する人たちで話し合いをして財産の分け方を決めなくてはなりません。

　このように、いろいろな手続きが必要になりますので、必要な手続きと期限を知っておきましょう。

申告・納税までのスケジュール

相続に関わる手続き一覧

手続きの種類	期限	手続先（窓口）	提出（必要）書類
死亡届	7日以内	死亡者の住所地の市町村役場	死亡診断書または死体検案書
遺言書の検認	相続開始後、遅滞なく	被相続人の住所地の家庭裁判所	遺言書原本、遺言者の戸籍謄本、相続人全員の戸籍謄本、受遺者の戸籍謄本または住民票抄本
相続の放棄	相続を知ってから3カ月以内	被相続人の住所地の家庭裁判所	相続放棄申述書、申述書および被相続人の戸籍謄本
所得税の申告・納付	4カ月以内	被相続人の住所地の税務署	確定申告書、死亡した者の所得税の確定申告書付表
相続税の申告・納付	10カ月以内	被相続人の住所地の税務署	相続税の申告書、その他
生命保険金の請求	なし（死亡後はいつでもできるが、2年または3年の消滅時効あり）	保険会社	生命保険金請求書、保険証券、最終の保険料領収書、受取人および被相続人の戸籍謄本、死亡診断書、受取人の印鑑証明書

基本的な順序

1　相続人を確認する

亡くなった人の戸籍謄本を生まれた時から亡くなるまで取得する

2　遺言書の有無を確認する

遺言書の有無で手続きの仕方が変わるため早めに確認する

3　財産と借入の大まかな状況を把握する

放棄するなら3カ月以内

4　所得があれば準確定申告をする

所得を確認して4カ月以内に申告

5　財産を評価して遺産分割協議、相続税を申告する

亡くなってから10カ月以内

6　財産分割・名義変更

不動産、金融資産を分け名義変更する

相続の基本を知っておこう

相続人は誰でしょう?

法定相続人の範囲と順位がある

相続人の範囲と順位が定められている

　民法では、相続人の範囲と順位について次のとおり定めています。ただし、相続を放棄した人や相続権を失った人は、初めから相続人でなかったものとされます。

法定相続人の組み合わせ

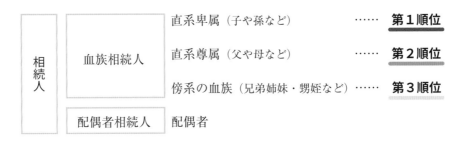

	配偶者と血族	配偶者	血族
第1順位がいる	配偶者と子（または孫）		子のみ（または孫のみ）
第1順位がいない	配偶者と父母（または祖父母）	配偶者のみ	父母のみ（または祖父母のみ）
第1、第2順位がいない	配偶者と兄弟姉妹（または甥・姪）		兄弟姉妹のみ（または甥・姪のみ）

法定相続人の範囲

相続人	血族相続人	直系卑属（子や孫など）	…… **第1順位**
		直系尊属（父や母など）	…… **第2順位**
		傍系の血族（兄弟姉妹・甥姪など）	…… **第3順位**
	配偶者相続人	配偶者	

相続順位

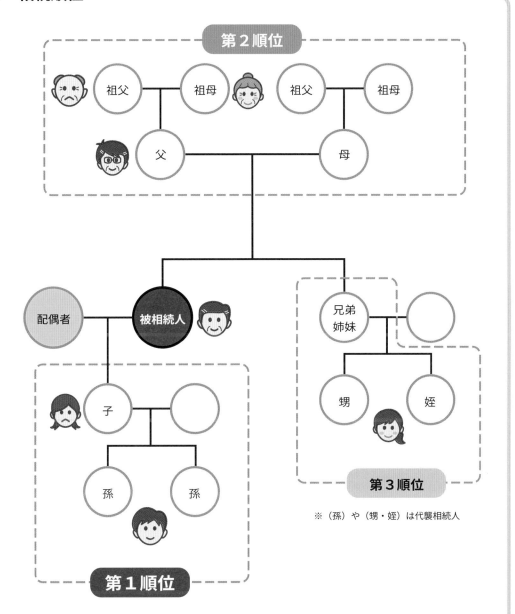

・法定相続人は配偶者と血族であり、第1順位、第2順位、第3順位が定められています。
・第1順位は、子、孫です。
・第2順位は、父母、祖父母です。
・第3順位は、兄弟姉妹・甥姪です。

配偶者は、常に法定相続人です。

遺言書の基本を知りましょう

遺言書は優先される。遺留分にも注意

おもな遺言書は自筆証書と公正証書

遺言には、法的に大きく分けて「普通方式」と「特別方式」によるものがありますが、遺言書のほとんどは「普通方式」で、①自筆証書遺言、②公正証書遺言、③秘密証書遺言の3種類となります。

遺言（普通方式）の特徴

	自筆証書遺言	公正証書遺言	秘密証書遺言
作成者	本人	公証人	本人（代筆可）
書く場所	どこでもOK	公証役場	どこでもOK
証人・立会人	不要	2人以上	公証人1人、証人2人以上
ワープロ	不可（財産目録を除く）	可	可
日付	年月日まで記入	年月日まで記入	年月日まで記入（本文には記載しなくてもよい）
署名・押印	本人のみ必要	本人、証人、公証人	本人、証人、公証人 ※封書には本人、証人、公証人の署名、押印が必要 ※遺言書には本人の署名、押印が必要
押印用印鑑	実印・認印・拇印のいずれかで可	本人実印（印鑑証明書持参）、証人認印	本人が遺言書に押印した印鑑。証人は実印認印・どちらでも可
費用	かからない（あとで検認の費用がかかる）	作成手数料	公証人の手数料（あとで検印の費用がかかる）
封入	不要（封入しておいたほうがよい）	不要	必要
保管	本人	原本は公証人役場、正本は本人	本人
備考	秘密にできるが保管が難しく、死後に見つからないおそれがある	保管は安心だが、特に封をする必要がないため、内容を知られてしまうこともある	保管が確実で、秘密も守れるが、公証人は内容の確認はしていないため、内容に不備がある可能性もある

※自筆証書遺言には家庭裁判所の検認が必要です。ただし、2020年7月10日からは法務局に預けることで検認は不要です。

遺言書は優先される

遺言書があれば、その内容が優先されます。よって法定相続人ではない第三者に財産を遺贈する内容や一部の相続人に多く渡す内容であっても遺言書が有効となります。

遺言書で法的効力を持たせることができるのは、①相続について（相続分や分割方法、特別受益の免除、廃除および廃除の取り消し、遺留分減殺の方法、遺言執行者の指定など）、②身分について（遺言による認知、後見人の指定および後見監督人の指定など）、③遺産分割について（遺贈、寄付行為、生命保険金受取人指定、信託の設定など）の3つと決まっており、それ以外の内容については相続人の意思に任されます。

遺言を実現するのは遺言執行者

　「遺言執行者」とは、遺言書に記載されている内容を実現させるために手続きをする人のことで、相続手続きが完了するまで財産を管理することになります。遺言執行者は相続人でもなることができます。遺言で指定されていない場合は、相続人が遺言執行者を選任するようにし、手続きをします。

　「遺言執行者」は必ずしも必要ではありませんが、相続人の廃除やその取り消し、子の認知など身分に関わることは「遺言執行者」でないとできません。

法律で守られている相続分が遺留分となる

　遺言書は法定相続分より効力があり、本人の意思により遺産分割の仕方を自由に決めることができます。相続人の法定相続分を基準にすることが望ましいところですが、そのようにできない実情もあります。法定相続分を度外視した分け方になると、遺族が生活に困るといったケースもでてきます。そこで、こうした事態を避けるために、相続人が最低限取得できるように法律で守られている相続分が「遺留分」です。遺言に不公平感がある場合は、遺留分が侵害されていないか確認します。

遺留分の割合と計算

法定相続人	配偶者	子	父母	遺留分の合計
配偶者だけ	$\frac{1}{2}$	―	―	$\frac{1}{2}$
子だけ	―	$\frac{1}{2}$ [※1]	―	$\frac{1}{2}$
配偶者と子	$\frac{1}{4}$	$\frac{1}{4}$	―	$\frac{1}{2}$
父母だけ	―	―	$\frac{1}{3}$ [※2]	$\frac{1}{3}$
配偶者と父母	$\frac{1}{3}$	―	$\frac{1}{6}$	$\frac{1}{2}$

※1　子が3人なら、1人当たり1/6　　※2　父母が健在なら、1人当たり1/6

遺留分を侵害されているときは減殺請求（侵害額請求）をする

　遺留分が侵害されたとわかったときは、財産を多く取得した人に対し、書面にて財産の取り戻しを請求します。これを「遺留分の減殺請求」といいます。減殺の請求権は相続があることを知ってから1年以内、相続した日から10年を経過すると時効により消滅します。また遺留分を侵害をされていることを知らなかった場合は、それを知ってから1年が期限です。

　仮に遺留分を侵害されていても請求しない場合はそのまま相続します。また、内容が不服であっても、遺留分を侵害されていないときは、請求できません。遺留分の減殺請求に、相手が応じない場合は、家庭裁判所に調停を申し立てることになります。

　民法の改正により2019年7月1日より、「遺留分の減殺請求」は「遺留分の侵害額請求」に変わり、現金で支払うことになります。

財産の分け方を知りましょう

法定相続分がある。遺産分割の３つの方法

納得いく遺産分割のために

　遺言書があれば、亡くなった人の意思として優先します。遺言書がない場合や遺言があっても遺産分割の方法についての指定がない場合は、相続人全員で話し合い、納得のいく分割を決めるようにします。遺産の分配を「遺産分割」といい、その割合を「相続分」といいます。遺産分割は、必ずしも法定相続分どおりに分ける必要はなく、相続人全員が納得すればどういうふうに分けてもかまいません。

法定相続分が定められている

　民法では、それぞれの取り分の目安となる「法定相続分」を定めています。法定相続分は配偶者がいるか、どの順位の法定相続人かによって、その割合が変わります。
　①相続人が配偶者と子の場合　　　　　→　配偶者１／２　　子１／２
　②相続人が配偶者及び被相続人の直系尊属の場合
　　　　　　　　　　　　　　　　　　→　配偶者２／３　　直系尊属１／３
　③相続人が配偶者及び被相続人の兄弟姉妹の場合
　　　　　　　　　　　　　　　　　　→　配偶者３／４　　兄弟姉妹１／４
　代襲相続人がいる場合は、本来相続人になるべきであった人の相続分をそのまま受け継ぎます。子、直系尊属、兄弟姉妹が複数いる場合は、それぞれの相続分を頭割りにします。

遺産分割の具体的方法は現物分割・代償分割・換価分割

　遺産を分割する具体的な方法としては次の３つがあります。
　・現物分割……誰がどの財産をとるか決める方法で最も一般的。
　・代償分割……ある相続人が法定相続分以上の財産を取得するかわりに他の相続人たち
　　　　　　　　に自分の金銭を支払う方法。
　・換価分割……相続財産をすべて売却して、その代金を分割する方法。
　以上の方法を組み合わせることも可能です。また、遺産の共有、すなわち遺産を相続人全員で共有するという選択肢もあります。

特別受益は相続の前渡しとして考える

　相続人の中で、他の相続人より、生前に多めに金銭をもらっている（贈与）、または資金援助や財産の贈与を受けている場合、遺言により遺贈を受ける場合、これを「特別受益」といい、相続の前渡し（生前贈与）を受けたものとみなされます。この場合、特別受益を受けた相続人は、相続分から差し引いて、計算することにします。

貢献してきたことは寄与分になる

　相続人の中で、仕送りを続けた場合、被相続人の事業を無報酬で手伝っていた場合、借金を肩代わりした場合、無償で被相続人の病気やけがの看病介護をした場合など、財産の維持又は増加につき特別の寄与をした場合、ほかの何もしていない相続人と同じ相続分では不公平といえるでしょう。そのため貢献に見合う分を「寄与分」としてプラスできます。

　寄与分として認められるには、その貢献が家族としての扶養義務を超えることを他の相続人に示して、同意してもらわなくてはなりません。寄与分の算出は、簡単ではなく、明確に証拠や資料がなければ、他の相続人の同意を得られないこともあります。

協議が終われば遺産分割協議書を作成する

　いろいろな状況を考慮し、話し合い、遺産分割の内容がまとまったときは、「遺産分割協議書」を作ります。この協議書は相続人全員が同意をしたという証拠になり、後の争いになることを回避します。そのために、実印を押印し、印鑑証明書を添付するのです。

　遺産分割協議書の作り方には決まったルールはありません。①相続人全員が名を連ねること、②印鑑証明を受けた実印を押すことの2点が必須となります。未成年者や認知などで代理人を選任した場合は、代理人の実印、印鑑証明が必要になります。

相続財産・非課税財産・債務を知りましょう

プラス財産とマイナス財産のすべてが財産となる

相続や遺贈によって取得するすべてが相続財産となる

　相続税の課税対象となる財産は、被相続人が相続開始の時において所有していた土地、家屋、立木、事業（農業）用財産、有価証券、家庭用財産、貴金属、宝石、書画骨とう、電話加入権、預貯金、現金などの金銭に見積もることができるすべての財産をいいます。

　◇プラス財産　……不動産（借地権も含む）・預貯金、現金・有価証券・特許権、著作権・貴金属、美術品など・自動車、船舶・家財道具　など

　◇マイナス財産……借入金・買掛金・未払い金・損害賠償・連帯保証　など

財産の目録例

	財産種類	所　在	種　類	詳　細	およその時価	備　考
財産	土地	東京都××区○町×丁目○番地	宅地	200㎡	5,500万円	長男が同居　築10年現在○○銀行の担保により売却不可
		岐阜県××市○町×丁目○番地	畑	800㎡	1,200万円	現在放置中空き地
	家屋	東京都××区○町×丁目○番地	共同住宅	鉄骨地上３階建て340㎡	1,820万円	
	預貯金	○○銀行○○本店	定期預金	口座番号1234567	1,000万円	
		○○銀行○○本店	普通預金	口座番号9876543	300万円	
	生命保険	○○生命保険	死亡保険金		2,000万円	受取人は長女
	その他	自宅内	家財一式		50万円	
		自宅車庫内	自動車	○○	不明	3年使用
					予想財産合計 **1億1,870万円**	
債務	債務	○○銀行○○本店	借り入れ	事業用（共同住宅建築資金）	4,000万円	○年○月までに完済予定。担保物件は土地、建物
	葬儀費用				300万円	長男が立て替え中
					債務合計 **4,300万円**	

保険金や退職金はみなし相続財産となる

　死亡保険金や死亡退職金など、相続や遺贈によって取得したものとみなされるものも相続財産となります。

「みなし相続財産」として相続税のかかるもの

課税財産	みなし相続財産	**死亡保険金**……生命保険金、共済金
		死亡退職金……功労金なども含む
		生命保険契約に関する権利……被相続人が保険料を負担したもので、保険事故未発生分
		定期金に関する権利……郵便年金契約などの年金の受給権
		信託受益権……遺言による信託受益権
		贈与税の納税猶予の適用を受けた非上場株式、農地等
		その他……遺言による債務免除益など
	その他	**相続時精算課税制度を選択した贈与財産**

お墓や仏具は非課税財産になる

　保険金や死亡退職金、お墓や仏具など7種類の財産は非課税とされているほか、一定の金額を非課税とすることになっています。

課税対象から除かれる7種類の財産

非課税財産	**墓地、墓石、神棚、仏壇、位牌など**……ただし、商品や骨とう品、投資対象として所有しているものは除く
	生命保険金……500万円×法定相続人分
	死亡退職金……500万円×法定相続人分
	慶弔金……Ａ．業務上の死亡……給料の3年分　Ｂ．その他の死亡……給料の6カ月分
	その他……公益法人への申告期限内の寄付金など
債務控除	**債務**……借入金、未払金など
	葬儀費用

葬儀費用とされるもの

埋葬、火葬その他に要した費用 (仮葬儀と本葬儀を行う場合は双方の費用)

葬儀に際し施与した金品で、被相続人の職業、財産などから相当程度と認められるものに要した費用 (お布施、読経料、戒名料など)

その他、葬儀の前後に要した費用で、通常葬儀に伴うと認められたもの

遺体の捜索、または遺体もしくは遺骨の運搬に要した費用

葬儀費用とされないもの

香典返礼費用

墓碑および墓地の購入並びに墓地の借入料

初七日、四十九日の法要に要した費用

医学上または裁判上の特別の処置に要した費用

153

相続財産の評価を知りましょう①

それぞれの財産の評価の仕方、路線価図の見方

財産にはそれぞれ評価の仕方がある

　相続財産の価額は、原則として、相続開始の時の「時価」で評価します。つまり、相続及び遺贈で取得した財産の評価は、それぞれの財産の現況に応じ、不特定多数の当事者間で自由な取引が行われる場合に通常成立すると認められる価額をいいます。評価方法は、

　　①収益還元価格　　②再取得価格　　③市場価格

の３つがあり、通達の定めによって評価した価額によります。

主な財産の評価方式

財産の種類	評価方式
宅地	①市街地（宅地）：**路線価方式**　②郊外地（農地・山林・雑種地）：**倍率方式**
貸地	**宅地の価額 − 借地権の価額**
私道	①不特定多数の者が通行……0　②その他……**通常評価額 × 0.3**
建物	①貸家：**固定資産税評価額 ×（1 − 借地権割合）** ②その他：**固定資産税評価額 × 1.0**
借地権	**宅地の価額 × 借地権の割合**
借家権	**家屋の価額 × 借家権の割合**（一般的に評価しない場合が多い）
預貯金	**預入残高 + 既経過利子**
上場株式・非上場株式	**3種類に分けて評価**
一般動産	**調達価額**
書画骨とう	**売買実例価額、精通者の意見価格など参酌**
電話加入権	**通常の取引価額**
ゴルフ会員権	**通常取引価額 × 0.7**

　市街地にある宅地は、その宅地が面している道路につけられた価格である「路線価」に宅地の面積を掛けた価格が評価額となります。

路線価図の見方

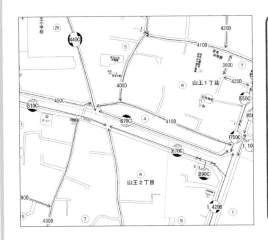

路線価図を見る場合は次のような点に注意します。

評価する土地の所在を確認する
どの道路に面しているかの位置確認

路線価格を見る
記されているのが1㎡当たりの路線価

借地権割合を確認する
路線価の次のアルファベットで割合が決められている

地区区分を確認する
7つの地区区分に分かれている

地区区分

記　号	地　区
⬡	ビル街地区
⬭	高度商業地区
⬡	繁華街地区
◯	普通商業・併用住宅地区
◇	中小工場地区
▭	大工場地区
無印	普通住宅地区

適用範囲

記　号	適用範囲
◯	道路の両側全地域
◓	道路の北側全地域
◓	道路沿い
◒	北側の道路沿いと南側全域
◒	北側の道路沿いの地域

地区区分

記　号	A	B	C	D	E	F	G
借地権割合	90%	80%	70%	60%	50%	40%	30%

※市街地にある宅地は「路線価方式」で評価される

・公図で地形の確認をする

　土地の評価は、奥行きや間口距離、あるいは地形でかなり違ってきます。正確な土地の評価を出すには、「実測図」を作成することが必要ですが、法務局で作成している「公図」で代用します。「公図」とは、登記された土地の位置や形状を記録したもので、法務局に申請すれば閲覧、コピーできます。

【相続の基礎知識⑦】

相続財産の評価を知りましょう②

貸宅地・借地権・定期借地権・貸家建付地

貸宅地は借地権を控除して評価する

　他人に貸している土地は、借地人の権利があり、すぐに明け渡してもらうというわけにはいきません。そのため、通常の評価額より借地人の持っている借地権を控除して評価することになっています。

　賃貸アパートやマンションの敷地は「貸家建付地」となり、通常の評価額より借地権割合と借家権割合を掛けた分を引くことになっています。

貸宅地・借地権・定期借地権・貸家建付地の評価方法

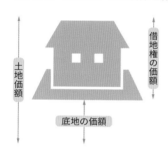

貸宅地の評価額
= 自用地の評価額 − 借地権の価額
= 自用地の評価額 − 土地価額 × 借地権割合
または
= 自用地の評価額 × （1 − 借地権割合）

借地権の評価額
= 自用地の評価額 × 借地権割合

定期借地権の評価額

自用地の評価額 × $\dfrac{借地契約時の定期借地権の価額}{借地契約時の土地の時価}$ × 逓減率 →

逓減率とは……
（定期借地権の残存期間に応じる複利年金減価率）
──────────────────────
（定期借地権の契約期間に応じる複利年金減価率）
※2004年以降、基準年利率として、毎月ごとに定められることになりました

貸家建付地の評価額
= 自用地の評価額 − 自用地の評価額 × 借地権割合 × 借家権割合 × 賃貸割合
= 自用地の評価額 × （1 − 借地権割合 × 借家権割合 × 賃貸割合）

建物が建っている土地の評価方法

土地と建物を所有		自用地の評価額 × （1 − 借地権割合 × 借家権割合 × 賃貸割合）
土地と建物の所有が別	使用貸借	権利金※の授受がなく、地代が固定資産税相当額以下　　自用地の評価額
	賃貸借	使用貸借以外　　自用地の評価額 × （1 − 借地権割合）

貸家建付地は借地権割合と借家権割合を掛けた分を引いて評価される
※権利金＝借地契約、借家契約の際に慣行として賃貸人から地主・家主に支払われる賃料・敷金以外の金銭

私道などの特殊な土地は減額できる

　私道とは、複数の者の通行に利用されている宅地のことです。間口が狭く奥まった宅地、いわゆる敷地延長部分については所有者の家族だけが通行に利用するので、私道とは言えず、通常の宅地としての評価になります。

　不特定多数の者が通行（通り抜け道路）……公共性があり評価なし

　特定の複数の者が通行……自用地の評価×0.3

　自己の通行のみに利用……自用地の評価

セットバックを要する土地は減額できる

　建築基準法では、道路の中心線からそれぞれ2mずつ後退した線が道路の境界線とみなし、建物の建て替えを行う場合は、その境界線まで後退（セットバック）して道路敷きとして提供しなければならないことになっています。このようなセットバック部分に該当する土地は通常の30％で評価をするようになっています。

地積規模の大きな宅地の評価が新設された

　三大都市圏の500㎡以上、その他は1000㎡以上の土地で普通住宅地区にある場合は、地積規模の大きな宅地として「規模格差補正率」を算出し、計算する評価方法となります。土地の形状と地積の大きさを考慮した評価になり、地積、地区区分、用途地域、容積率などにより補正率を算出します。2017年末までの広大地評価よりは減額率は小さくなりますが、広大地評価ができなかった角地などには適用できる場合もあります。

地積規模大地の評価

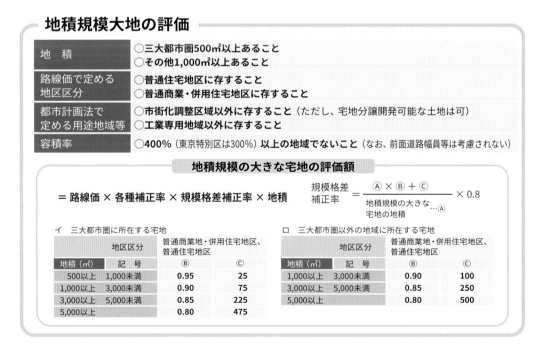

地　積	○三大都市圏500㎡以上あること ○その他1,000㎡以上あること
路線価で定める 地区区分	○普通住宅地区に存すること ○普通商業・併用住宅地区に存すること
都市計画法で 定める用途地域等	○市街化調整区域以外に存すること（ただし、宅地分譲開発可能な土地は可） ○工業専用地域以外に存すること
容積率	○400％（東京特別区は300％）以上の地域でないこと（なお、前面道路幅員等は考慮されない）

地積規模の大きな宅地の評価額

＝ 路線価 × 各種補正率 × 規模格差補正率 × 地積

$$規模格差補正率 = \frac{Ⓐ × Ⓑ + Ⓒ}{地積規模の大きな宅地の地積 …Ⓐ} × 0.8$$

イ　三大都市圏に所在する宅地

地区区分		普通商業地・併用住宅地区、 普通住宅地区	
地積（㎡）	記　号	Ⓑ	Ⓒ
500以上	1,000未満	0.95	25
1,000以上	3,000未満	0.90	75
3,000以上	5,000未満	0.85	225
5,000以上		0.80	475

ロ　三大都市圏以外の地域に所在する宅地

地区区分		普通商業地・併用住宅地区、 普通住宅地区	
地積（㎡）	記　号	Ⓑ	Ⓒ
1,000以上	3,000未満	0.90	100
3,000以上	5,000未満	0.85	250
5,000以上		0.80	500

157

相続財産の評価を知りましょう③

金融資産の評価、小規模宅地等の特例と要件

預貯金・保険金・年金の評価

　預貯金は、金融機関に預けてある残高がそのまま財産評価となります。評価は相続開始当日のものです。普通預金や通常貯金は、相続日の残高がそのまま評価額になりますが、定期預金や定期郵便貯金など貯蓄性の高いものは、預入額に課税時期現在の既経過利子を加えなければなりません。

　被相続人が保険料を負担していて、相続時点で生命事故が発生していない生命保険契約については、契約者や権利を相続した人に所得税や贈与税が課税されます。

　年金の内、郵便年金は相続税の課税財産として計上します。厚生年金などの公的年金制度から支給される遺族年金には課税されません。

株式の評価のしかた

種　類	評価の基準	評価方法
上場株式	取引価格	①相続開始日の終値 ②相続開始日が属する月の終値の平均額 ③相続開始日が属する前月の終値の平均額 ④相続開始日が属する前々月の終値の平均額 **①〜④のうち最も低い価額**
気配相場等のある株式	原則として取引価格	①相続開始日の終値 ②相続開始日以前3カ月間の取引価格の月平均額 **原則として①②のどちらか低い価額**
取引相場のない株式	会社の利益・配当・資産価値または相続税評価基準による純資産価額	〈オーナー株主が取得した場合〉 　大会社……**原則として類似業種比準価額** 　中会社……**類似業種比準価額と、純資産価額との併用方式による価額** 　小会社……**純資産価額**（または、類似業種比準価額との併用方式による価額） 〈オーナー株主以外が取得した場合〉 　**配当還元価額**

小規模宅地等の特例が適用できる

　小規模宅地等の特例とは、相続人が自宅や会社の土地・建物などを相続税の支払いのために手放さないですむように、居住用であれば配偶者や同居親族、自宅を所有しない子どもが相続する場合や事業を継承する相続人がいる場合は、相続税の評価減を受けられる制度です。

　居住用宅地については330㎡まで相続税評価を80％減額できます。

　会社や工場として使っている事業用宅地については400㎡まで80％減額が可能であり、居住用宅地330㎡と事業用宅地400㎡の両方を併用して適用できるようになり、730㎡まで80％減額できます。

　独立型の二世帯住宅でも適用が受けられ、老人ホームに入っていた場合も介護が必要なため入所し、自宅を貸したりしていなければ特例を適用できます（条件アリ）。

　ただし、この特例を受けるためには、相続税の申告期限までに相続人の間で遺産分割が確定していなければなりません。また、親族の経営する法人所有の不動産に住んでいる子どもは適用が受けられないなどの要件がありますので、確認が必要となります。

小規模宅地等特例適用の要件

相続する宅地	相続する人	上限面積	減額割合
自宅などの居住用	・配偶者 ・同居または生計を一にする家族 ・持ち家のない別居家族	**330㎡**	**80%**
不動産貸付業以外の事業用	事業を引き継ぐ親族	**400㎡**	**80%**
アパート・マンションなどの 不動産貸付業	事業を引き継ぐ親族	**200㎡**	**50%**

小規模宅地等の特例は選択・組み合わせできる

〈例①〉　自宅：165㎡（150%）　3000万円 → 80%減 ── 600万円
　　　　　貸付用：100㎡（50%）　4000万円 → 50%減 ── 2000万円
　　　　　7000万円 ➡ 2600万円

〈例②〉　自宅：300㎡　2000万円 → 適用せず → 2000万円
　　　　　貸付用：200㎡　5000万円 → 適用50%減 → 2500万円
　　　　　7000万円 ➡ 4500万円

※居住用、貸付用の組み合わせにより限度面積がある。

贈与の仕方と違いを知りましょう

暦年贈与や特例が効果的。相続時精算課税制度は生前相続

贈与税の課税① 「暦年課税」非課税枠110万円

贈与税は、ひとりの人が1月1日から12月31日までの1年間にもらった財産の合計額から基礎控除額の110万円を差し引いた残りの額に対してかかります。したがって、1年間にもらった財産の合計額が110万円以下なら贈与税はかかりませんし、贈与税の申告も不要です。

贈与の非課税枠には、次の5つがあります。

贈与の非課税枠

①110万円の基礎控除による非課税枠……**110万円**（毎年）

②夫婦間贈与の特例による非課税枠……**2000万円**

夫婦間贈与の特例は、夫または妻へ居住用不動産を贈与する場合、2000万円までが非課税になります。住むための家、土地や取得するための現金の贈与であること、結婚してから20年以上経過している必要があることなどの要件があります。

③住宅取得資金贈与の特例による非課税枠……**500万円～**（2023年12月31日まで）

父母や祖父母などから住宅取得等資金の贈与を受けると一定金額について贈与税が非課税となります。年度や要件により、非課税枠は変わります（国税庁のHP参照）。

④教育資金贈与による非課税枠……**1500万円**（2025年3月31日まで）

⑤結婚・子育て資金贈与による非課税枠……**1000万円**（2025年3月31日まで）

※教育資金贈与については一部改正あり。

贈与税の速算表

右記以外の贈与（一般税率）			20歳以上で直系尊属（親・祖父母等）からの贈与（特例税率）		
課税価格	税率	控除額	課税価格	税率	控除額
200万円以下	10%	－	200万円以下	10%	－
300万円以下	15%	10万円	400万円以下	15%	10万円
400万円以下	20%	25万円			
600万円以下	30%	65万円	600万円以下	20%	30万円
1,000万円以下	40%	125万円	1,000万円以下	30%	90万円
1,500万円以下	45%	175万円	1,500万円以下	40%	190万円
3,000万円以下	50%	250万円	3,000万円以下	45%	265万円
3,000万円超	55%	400万円	4,500万円以下	50%	415万円
			4,500万円超	55%	640万円

贈与税の課税② 「相続時精算課税」非課税枠2500万円

　相続時精算課税制度は、20歳以上の子どもが、60歳以上の親や祖父母から贈与により財産を取得した場合に、その財産の価額の累積額が2500万円以内であれば無税で、また、2500万円を超える場合には、その超える部分の金額の20%を贈与税として納付する制度です。一度相続時精算課税制度を選択すると、従来の贈与税制度に戻ることはできません。

　後に、親に相続が発生したときに、この贈与により取得した財産の累積額は相続財産に加算して、相続税額を算出します。

　相続税額から既に支払った贈与税額を控除した金額を、相続税として納付します。支払った贈与税額が相続税額よりも多い場合には、還付を受けます。

相続時精算課税制度と従来の贈与税との比較

	相続時精算課税制度	暦年課税制度
贈与税額の計算	**（課税価格 － 110万円 － 2,500万円）× 20%** ※課税価格は贈与者ごとの合計額	**（課税価格 － 110万円）× 累進税率** ※課税価格はその年に贈与を受けた金額の合計額
贈与者の条件	**60歳以上**（住宅取得等資金の贈与は条件なし）	**なし**
受贈者の条件	**20歳以上の子や孫**	**なし**
贈与税の納付	**贈与税申告時に納付し、相続時に精算**	**贈与税申告時に納付し、完了**
相続税計算との関係	**贈与時の課税価格が相続財産に加算される**	**相続財産から切り離される** （相続開始前3年以内の贈与は加算）
贈与税額の控除	**控除できる**	**原則控除できない** （相続開始3年以内の贈与税は一定の割合で相続税から控除できる）
相続税を減少させる効果	**なし。ただし、時価上昇の影響を受けない効果はある**	**あり**
その他	**一度選択したら、暦年課税制度は適用できない**	**いつでも相続時精算課税制度に移行できる**

親の所有地に子が家を建てた場合等

ポイント

子の家

親の土地

使用賃借
子が親に地代を払わない
贈与税の課税なし（相続税の課税あり）

賃貸借
子が親に地代を払う
（借地権利金は払わない）
借地権の贈与とみなされ、**贈与税の課税あり**

●相続人への生前贈与を相続財産に加算する対象期間が、3年から7年に延長されることになりました。
（2024年1月1日以降より適用）

【相続の基礎知識⑩】

相続税の計算と相続税額の出し方を知りましょう

相続税は５つのステップに分けて計算する

相続税の計算をする

相続税の算出は、①課税価格の計算、②課税対象の遺産総額の計算、③相続人全員の相続税額の計算、④各相続人の相続税を按分計算する、⑤各相続人の加算額を考慮し、控除額を引くという５つのステップで計算します。

相続税算出の流れ

ステップ 1

課税価格を計算する

課税価格 ＝ 相続による財産 ＋ みなし相続による財産 － 非課税財産 ＋
贈与による財産 － 債務 － 葬儀費用　で算出します。

ステップ 2

課税対象の遺産総額を計算する

課税遺産総額 ＝ 課税価格 － 基礎控除額（3,000万円 ＋ 600万円 × 法定相続人の数）
で算出します。

ステップ 3

相続人全員の相続税額を計算する

法定相続人が、法定相続分で取得した場合発生する、各相続人の税額を算出し、
合計します。　**各相続人の相続税額 ＝ 取得金額 × 税率 － 控除額**

ステップ 4

各相続人の分割割合で按分する

相続税総額を各相続人が実際に相続する財産の割合で按分し、
各相続人の相続税額を計算します。

ステップ 5

各相続人の控除額を引く

配偶者控除や未成年者控除など各相続人にあてはまる控除を差し引き、
それぞれが納める税額を算出します。

相続税の速算表

法定相続人の取得金額	税率	控除額
1,000万円以下	10%	0万円
1,000万円超　3,000万円以下	15%	50万円
3,000万円超　5,000万円以下	20%	200万円
5,000万円超　1億円以下	30%	700万円
1億円超　2億円以下	40%	1,700万円
2億円超　3億円以下	45%	2,700万円
3億円超　6億円以下	50%	4,200万円
6億円超	55%	7,200万円

各人の相続税額の計算（課税価格1億2000万円）

ステップ**1**、ステップ**2**

課税遺産総額　×　各相続人の法定相続分　＝　**各相続人の取得金額**

各相続人の取得金額　×　税率 － 控除額　＝　**各相続人の相続税額**　ステップ**4**

速算表より算出する

ステップ**3**

計算実例　〈妻・子2人、相続人が計3人で、課税遺産総額は7,200万円〉

〈妻の場合〉
7,200万円 × 1/2 = 3,600万円
3,600万円 × 20% － 200万円 = 520万円

〈子の場合〉
7,200万円 × 1/4ずつ = 1,800万円ずつ
1,800万円ずつ × 15% － 50万円 = 220万円ずつ

相続税総額　520万円 ＋ 220万円 ＋ 220万円 ＝ **960万円**

ステップ**4**
〈法定割合で相続するなら〉
妻960万円 × 1/2 = 480万円　　　子960万円 × 1/4ずつ ＝ 240万円ずつ

相続税の税額控除の種類

税額控除の種類	控除の内容と要件
贈与税額控除	相続開始前3年以内に被相続人から贈与を受けていた場合は、相続財産に加えます。納めた贈与税と相続税の二重課税を調整するためです。相続人の相続税を算出した後、控除に該当する相続人がいれば、差し引いて納税するようにします。税額控除の種類は、①配偶者の税額の軽減、②贈与財産の税額控除、③未成年者の税額控除、④障害者の税額控除、⑤相次相続控除、⑥外国税額控除などが挙げられます。 　最も控除が大きいのは①配偶者の税額軽減で、配偶者が相続で受け取る財産の額が、法定相続分（2分の1）以下であれば税金がかからないというものです。また、法定相続分以上相続した場合でも、1億6,000万円までは税金はかかりません。
相次相続控除	被相続人が相続により財産を取得してから10年以内で、前回の相続税が課税された場合に、一定の税額が控除できます。
外国税額控除	相続または遺贈により日本国外にある財産を取得し、その財産の所在国で相続税に相当する税金が課せられたときは、日本で払う相続税額から控除できます。

●相続人への生前贈与を相続財産に加算する対象期間が、3年から7年に延長されることになりました。
（2024年1月1日以降より適用）

相続の基本を知っておこう

本書のまとめ

相続対策の考え方

はじめに **財産を減らない相続対策**

1章 **相続対策の効果を知っておきたい！**

相続対策の依頼先のヒント

2章 **相談のみえる化・わかる化**

事例

3章 **相続のご相談はひとりずつ違う！**

4章 相続相談から解決できた実例
感情面・経済面の困りごと

対策＆解決のヒント

5章 もめないために知っておきたいこと
「感情面」の対策

6章 財産を守るために知っておきたいこと
「経済面」の対策

法律の基礎知識

7章 **相続の基本を知っておこう**

これらをもとに、みなさんの円満相続のための課題や目標を整理してみてください。

MEMO

提案と解決。相続コーディネーター

夢 相 続

相続の相談 なら
わたしたちにおまかせください

| 不動産購入・売却 | 遺言書 | 民事信託 | 土地活用 | 資産組替 |

（株）夢相続では、安心して相続の相談ができる専門家である**相続実務士**®の
養成・認定を行っており、**相続実務士**®の普及に取り組んでいます。
（株）夢相続の専属の**相続実務士**®が、ご相談対応いたします。

株式会社 夢相続

〒104-0032
東京都中央区八丁堀4丁目11-4
八丁堀フロント5階

TEL 03-6222-9233
FAX 03-6222-9230

夢相続公式YouTubeチャンネル

様々な事例や、
相続のワンポイントアドバイス、
豆知識など定期的に公開しています。

↓ ↓ ↓

無料相続相談

対面・オンラインのいずれかの相談方法をご選択いただけます。60分間のご相談で、

● **相続税額と節税額の概算**

● **相続対策案を提示**

現状分析と課題整理、解決のアドバイスをさせていただきます。

相続のこと
専門家に
相談して
みませんか？

株式会社夢相続
代表／相続実務士
曽根恵子

本著者、（株）夢相続の代表取締役曽根恵子と、
専属の相続実務士®がご相談を承ります。

書籍ご購入特典

各種有料プラン **10%割引**

まずは無料相続相談で
現状分析をしてからご検討ください。

電話お申込 **0120-333-834** （月〜金（祝日除く）9：00〜18：00）

ウェブお申込 **https://www.yume-souzoku.co.jp/**

FAX **03-6222-9230**

【無料相続相談お申込書】

（フリガナ） お名前		年齢		性別	男・女
		歳			
ご住所					
電話番号		携帯電話			
ファックス		職業			
メールアドレス	@				

【著者略歴】

曽根恵子（そね・けいこ）

株式会社夢相続 代表取締役
一般社団法人相続実務協会 代表理事
相続実務士®
公認不動産コンサルティングマスター相続専門士

株式会社PHP研究所勤務後、1987年に不動産コンサルティング会社を創業、相続コーディネート業務を開始。2001年に相続コーディネートを専業とする、株式会社夢相続を分社化。
「相続実務士®」の創始者として1万4940件の相続相談に対処。弁護士、税理士、司法書士、不動産鑑定士など相続に関わる専門家と提携し、感情面、経済面に配慮した〝オーダーメード相続〟を提案、実務をサポートしている。
著書72冊、64万部出版、TV・ラジオ出演227回、新聞・雑誌取材1021回、セミナー講師実績645回。近著に『図解90分でわかる！ はじめての相続』、『地主・農家さんのための〝負〟動産対策』（クロスメディア・パブリッシング）など多数。アプリ「家族をつなぐ介護ノート」も開発、リリースしている。

【監修協力】

一般社団法人 相続実務協会 理事 　上野晃（弁護士／日本橋さくら法律事務所）
一般社団法人 相続実務協会 理事 　太田垣章子（司法書士／OAG司法書士法人）

図解90分でわかる！相続実務士が解決！ 財産を減らさない相続対策

2020年11月11日 初版発行
2023年3月25日 第2刷発行

発　行　**株式会社クロスメディア・パブリッシング**

発行者 小早川 幸一郎
〒151-0051 東京都渋谷区千駄ヶ谷4-20-3 東栄神宮外苑ビル
http://www.cm-publishing.co.jp
■本の内容に関するお問い合わせ先 ……………… TEL (03)5413-3140／FAX (03)5413-3141

発　売　**株式会社インプレス**

〒101-0051 東京都千代田区神田神保町一丁目105番地
■乱丁本・落丁本などのお問い合わせ先 ……………… FAX (03)6837-5023
service@impress.co.jp
※古書店で購入されたものについてはお取り替えできません

カバーデザイン 小泉典子　　　　　　校正 konoha
本文デザイン 安井智弘　　　　　　印刷・製本 株式会社シナノ
©Keiko Sone 2020 Printed in Japan　ISBN 978-4-295-40448-4 C2034